Inhalt

Priesterliches Leben

von Heiko Wulfert

Foto: Archiv Wulfert

> *»Bei der Priesterweihe legen nach dem Bischof alle anwesenden Priester den Kandidaten die Hände auf. [...] Sakrament heißt: Ich empfange, was ich mir selbst nicht besorgen kann; ich tue, was nicht aus mir kommt; ich bin Träger dessen, was Gott mir anvertraut hat. Darum kann sich niemand selbst zum Priester erklären; und keine Gemeinde kann mit ihren Beschlüssen jemanden dazu machen. Wir empfangen im Sakrament, was Gott uns schenkt. [...] Das Sakrament ist Zeichen der bleibenden Initiative Gottes vor allem menschlichen Handeln und trotz aller menschlichen Schwächen«.*
>
> *(Franz Kamphaus)*

Im Sakrament der Priesterweihe sieht Franz Kamphaus die göttliche Beauftragung und Befähigung, die Menschen für ihren Dienst durch Gebet und Handauflegung vermittelt wird. Sie bleiben Menschen und damit fehlbar und dennoch stehen sie in einem Dienst, der die Zuwendung Gottes zu den Menschen und die Hingabe der Menschen an Gott in besonderer Weise ausdrückt. Das wird besonders deutlich in der Feier der Sakramente und dabei zentral in der Eucharistie.

Die Ordination evangelischer Pfarrerinnen und Pfarrer beinhaltet Auftrag und Vollmacht zu Lehre und Sakramentsverwaltung. In der Außenwahrnehmung erscheinen die evangelischen Kirchen aber deutlich mehr als Orte der Lehre und der Seelsorge. Die starke Betonung des Wortes und der Verkündigung – der Dienst der Kirche wird in Nachbarschaftsräumen von »Verkündigungsteams« geleistet – trägt Spuren von intellektualistischer Verengung und moralischer Verflachung. Dem Mysterium bleibt kein Raum, Sakramente führen mancherorts ein Schattendasein. Georg Bätzing stellt fest: »Dass die evangelische Kirche das sakramentale Amt aufgegeben hat, ist eine der großen Wunden, die das Verhältnis zwischen den beiden großen Konfessionen belasten«. Können wir die priesterliche Dimension des Pfarramtes wieder entdecken?

Dabei ist der Begriff des »Priesterlichen Lebens« nicht allein auf das geistliche Amt in der Kirche zu beschränken. Die Rede vom geistlichen Priestertum aller Gläubigen ist keine wohlfeile Ausflucht für eine Reduktion kirchlicher Stellen und die Zusammenlegung von Gemeinden. Ein jeder Christ ist ein priesterlicher Mensch, der Gottes Segen empfängt und ihn weitergeben darf, der so in seinem Lebensumfeld zum Mittler der Liebe Gottes wird. In diesem Empfangen und Weitergeben findet eine Veränderung statt, eine Wandlung des Christen in das Bild Christi (2. Kor. 3,18), im Hören auf das Wort des Evangeliums, genährt von Christus selbst im heiligen Mahl.

In dieser Ausgabe des Quatember stellen sich drei christliche Gemeinschaften vor: Die Priorin der Communität Casteller Ring beschreibt Geschichte und Gegenwart ihrer Gemeinschaft. Irene Schulz stellt uns die Arbeit des Franziskustreffs in Frankfurt vor und Sabine Frank informiert über die Gemeinschaft der Jesus Biker. Ich biete eine Auswahl kirchengeschichtlicher Quellen zum Thema und stelle Altargeräte aus dem Atelier der Töpfermeisterin Rose-Marie Nyqvist vor. Petra Reiz greift noch einmal das Thema der Synode von Nicaea auf.

Im Nachtrag zur letzten Ausgabe des Quatember widmen sich zwei Artikel noch einmal dem Werk von Josua Boesch. Karl Flückiger hat uns Bilder zur Verfügung gestellt, die in einer Beilage farbig erscheinen. Die Bilder des Triptychons von Marzabotto werden in einem von Josua Boesch selbst verfassten Text vorgestellt. Sabine Bayreuther beschreibt die Beziehung des Künstlers zu den Berneuchener Gemeinschaften.

In dieser Ausgabe erscheinen auch wieder drei Predigten. Der Mainzer Domkapitular Prof. Franz-Rudolf Weinert predigte in der Vesper am Ostermontag in der evangelischen Johanneskirche am Tag der Verabschiedung von Pfarrer Volker Truschel. Die anrührende Predigt von Svenja Prust vom Michaelsfest dieses Jahres folgt. Die dritte Predigt stammt von Christiane Gramowski und gehört zum Israelsonntag. Ihre Thematik bleibt in diesem ganzen Jahr aktuell. Es schließen sich Rezensionen an.

Damit schließt der Jahrgang des Quatember 2025. Als Schriftleiter wünsche ich eine erfüllte Advents- und Weihnachtszeit und Gottes Segen im Neuen Jahr.

Heiko Wulfert

Foto: Rolf Gerlach

»Junge Menschen zu Christus führen«

von Schw. Ursula Buske CCR

Die Communität Casteller Ring hat ihre Anfänge in der ersten Hälfte des 20. Jahrhunderts. Wie viele Menschen vor ihr ist auch unsere Gründerin Christel Schmid (1892–1970) ihrer Sehnsucht nach geistlicher Gemeinschaft gefolgt. Sie hat damit Menschen angesteckt und durfte die Gestaltwerdung erleben.

Christel Schmid lebt seit ihrer Konfirmation eine tiefe Christusliebe und verwirklicht im Beruf der Erzieherin und Jugendleiterin ihren Leitsatz: junge Menschen zu Christus führen. Sie beginnt 1921 in Kitzingen die Jugendarbeit im Rahmen der Gemeinde und ab 1929 baut sie mit ihrer Freundin eine Pfadfinderinnengruppe auf, die schnell überregional vernetzt ist. 1933 wird sie zur Leiterin der Tatgemeinschaft christlicher Pfadfinderinnen TCP gewählt, was ihre Leitungsfähigkeit eindrucksvoll unterstreicht. Ihre Sehnsucht nach dem Ewigen in *Brotbrechen und Gebet* fasst sie in liturgische Formen, z. B. wird die Komplet im Kapellenzelt auf den Zeltlagern gebetet. So bewirkt ihre Begeisterung in den Gruppen Identität und Zusammenhalt. Das wird bald wichtig, denn 1934 beginnt die Verfolgungszeit. In den entstandenen Gemeinschaften wird eine hohe Disziplin gefordert, um nicht entdeckt zu werden. Durch große Sorgfalt für jedes Wort und jeden Schritt wird mit dem Druck von außen umgegangen. Die verschworene Gemeinschaft entwickelt aber auch Möglichkeiten, um den Kontakt zu halten und sich zu treffen. Und neue Frauen kommen dazu. Die Hoffnung auf ein Ende der dunklen Zeit wird festgehalten mit Blick auf Christus. Die Frauen bestärken sich gegenseitig in dieser Hoffnung.

Ihre Sehnsucht nach dem Ewigen in Brotbrechen und Gebet *fasst sie in liturgische Formen [...]*

Die kleine Gemeinschaft weiß sich gesegnet. Sie sind ein Segen füreinander und nehmen die Sehnsucht von Christel Schmid auf, ein ordensmäßiges Leben führen zu wollen nach dem Bild der Urgemeinde in Jerusalem, Apg. 2, 42:

Sie blieben aber beständig in der Lehre der Apostel und in der Gemeinschaft und im Brotbrechen und im Gebet.

Die Lehre der Apostel, die Botschaft von der Erlösung durch Jesus von Nazareth, den Christus Gottes, führt in ein Leben der Freiheit, das Gleichgesinnte sucht.

Die engere Gruppe um Christel Schmid setzt aktiv Ostern 1942 ein Zeichen: das Treueversprechen von sieben Frauen auf dem Fürstenfriedhof zu Castell. Diese Treue umfasst die Ganzhingabe

Diese Treue umfasst die Ganzhingabe des Lebens aus Liebe zu Christus und zu der Gemeinschaft, die ihn abbildet, Gehorsam dem Wort Gottes gegenüber und eine hörende Aufmerksamkeit in der Welt.

des Lebens aus Liebe zu Christus und zu der Gemeinschaft, die ihn abbildet, Gehorsam dem Wort Gottes gegenüber und eine hörende Aufmerksamkeit in der Welt. Aus diesem Aufbruch heraus wird der Wiederaufbau nach dem Krieg vorbereitet, auf Hoffnung, ohne den Zeitpunkt zu kennen. Die Frauen der Gemeinschaft sind aber, als es soweit ist, sofort in der Lage, für sich und andere zu sorgen. Die Aufbauarbeit von Schule und Internat in den Nachkriegsjahren bindet ihre ganze Kraft, doch diese Frauen schöpfen Kraft aus der Sehnsucht und dem Verlangen nach einem gemeinsamen geistlichen Leben. Sie werden auf wundervolle Weise geführt und finden Menschen, die sie unterstützen und unterweisen, unter anderem P. Theophil Lamm OSB, Münsterschwarzach. Außen wirken noch die Nöte der Zeit, innen trägt das eigene und gemeinsame Gebet.

Christel Schmid hat ausgehend von ihrer Christusbeziehung in ihrem Hören und Suchen viele Gemeinschaftsformen kennengelernt. Es dauert, bis sie die »stärkste Art, die Koinobiten«, wie sie die Benediktusregel beschreibt, findet und als ihre Form begreift. Die vielen Gespräche mit Pater Theophil und seine Einführung in die Benediktusregel sind für sie und die ebenfalls suchenden jungen Frauen die Öffnung in eine neue Welt. Das Stundengebet der Kirche ist für sie der Ausdruck von Anbetung und Sendung, der Dreh- und Angelpunkt, den sie für sich als lebenswert erkannt haben.

So wird am 15. Februar 1950 die Überlegung zur Entscheidung und das gemeinsame Leben nach der Benediktusregel beginnt mit dem Morgengebet, im Geheimen, denn die Unsicherheit ist doch groß, ob das Vorhaben gelingt. Das Ereignis kann nach außen verdeckt werden durch die soziale Arbeit in Castell und weil alle Beteiligten Pfadfinderinnen sind mit gemeinsamer Kleidung. Und doch wollen sie in den Stundengebeten, die intern stattfinden, ein geistliches Gewand. So entwickeln sie in Anlehnung an die benediktinische Tradition Kukulle und Schleier.

Die Gründung der geistlichen Gemeinschaft wird unter den Pfadfinderinnen bekannt und löst Irritation aus – wer gehört dazu und wer nicht und warum? Es kommt zu einer ersten Scheidung, die geistliche Gemeinschaft lebt den klösterlichen Lebensentwurf und die Gruppen der Pfadfinderinnen bleiben bestehen. Doch die Ordensgründung zieht junge Frauen an, die in der evangelischen Kirche diese Lebensform suchen.

Der Widerspruch von außen kommt mit zunehmender Bekanntheit in den 1960er Jahren auch aus der evangelischen Kirche, in der die Überzeugung vorherrscht, Luther hätte das Kloster überwunden. Dass das weder für Luther noch für die evangelische

Foto: Rolf Gerlach

Kirchengeschichte stimmt, muss erst noch erarbeitet werden. Als Name für die Gemeinschaftsform findet sich *Kommunität* und es finden sich weitere Gemeinschaften, die nach Kriegsende gegründet wurden. Die Verantwortlichen der evangelischen Kirche erleben klösterliches Leben im eigenen Bereich. Das Bild der ›unregelmäßigen Verben‹ versucht eine Beschreibung des unverfügbaren Geistgeschehens.

Pfarrer Dr. Johannes Halkenhäuser übernimmt 1967 die Stelle des Schwanbergpfarrers. Als Seelsorger und leidenschaftlicher Liturg prägt er 25 Jahre das geistliche Leben auf dem Schwanberg. In seiner Dissertation »Kirche und Kommunität« 1978 beschreibt er in der ihm eigenen Präzision die Entwicklung der kommunitären Bewegung in den Kirchen der Reformation. Pfarrer Halkenhäuser hat zusammen mit anderen, z. B. Hans Eisenberg, Kommunität Imshausen und Sr. Anke Langmaack, Ordo Pacis, die Diskussion mit den Vertretern von VELKD und EKD geführt und die Anerkennung vorangetrieben. Seit 1979 gibt es den Beauftragten der EKD für die Kommunitäten und Geistlichen Gemeinschaften. Die Gemeinschaften brauchen das Gespräch untereinander und mit der evangelischen Kirche. Parallel dazu intensivieren sich die Kontakte im Raum der Ökumene, auch international, und alle arbeiten mit für die Einheit der Kirche.

Die Schwestern nehmen die für sie stimmigen monastischen Begriffe auf und entwickeln die klösterlichen Ämter, insbesondere das der Magistra.

Mater Christel Felizitas Schmid gibt 1968 das Amt der Leitung ab und Maria Scholastika Pfister wird Priorin. Die Schwestern nehmen die für sie stimmigen monastischen Begriffe auf und entwickeln die klösterlichen Ämter, insbesondere das der Magistra. Frauen, die eintreten, erhalten eine Lehr- und Lernzeit. Damit wird im Innern mit Hilfe der Benediktusregel eine Struktur aufgebaut. Im Äußeren kommt es gesellschaftlich in den Jahren des Wirtschaftswunders zu einer Befreiung von Strukturen. Ausdruck davon ist u.a. die Gruppendynamik. Die Begegnung damit in den 1970er Jahren wirbelt auch die Communität im Innern auf. Die große Zahl der etwa gleichaltrigen Schwestern erfährt eine Auseinandersetzung. Es kommt durch die Klärung von persönlicher Motivation und die Entdeckung der eigenen Bedürfnisse zu Austritten. Andere werden durch die Überlegungen gestärkt zum Bleiben. Die innere Veränderung drückt sich auch äußerlich aus. Die Kukulle wird abgelöst von einem hellen, grauen Gewand, das wir bis heute in der Liturgie tragen.

Nach Schließung von Schule und Internat werden in den 1980er Jahren Kräfte frei und die Gemeinschaft errichtet Stadtstationen in verschiedenen Städten. Die Fähigkeiten der Einzelnen können sich im neuen Umfeld weiter entfalten. Einzelne Schwestern empfangen die Ordination. Fragen und Antworten im Innern finden ihre Umsetzung im Außen.

In den 1990er Jahren beginnen sich die Eintrittszahlen zu verringern, so dass die Altersspanne größer wird. Auf dem Schwanberg arbeiten immer weniger Schwestern in den von uns aufgebauten Gästehäusern. Die Anzahl der Mitarbeitenden steigt. Die Stadtstationen werden geschlossen, um unsere Kräfte auf dem Schwanberg zu bündeln. Aber neue Schwestern kommen dazu und wir feiern Profess. Es wird deutlicher, dass alle Generationen im Ordenshaus zusammenleben. Die Unterstützung und Pflege im Alter nimmt mehr Raum ein. Abschiednehmen und Sterben wird gegenwärtig. Das ganze Leben mit allem Schönen und Schweren ist präsent.

Heute leben und arbeiten wir alle auf dem Schwanberg. Die St. Michaelskirche ist unser Mittelpunkt und das Gebet in Form von Stundengebet und Gottesdienst mit Abendmahl seit jeher Ausdruck der Lebenshingabe. Gott suchen in seinem Wort und im Miteinander, sich so gegenseitig ermutigen und beistehen. Jede nimmt ihren Platz ein und übernimmt Verantwortung für sich und die Gemeinschaft. Unser Mehrgenerationen-Haushalt bringt für jede von uns viele Dienste und Aufgaben, die Pflicht und Kür enthalten. Bis ins hohe Alter sind alle entsprechend ihrer Gesundheit beteiligt. Mit unseren monastisch jungen Schwestern suchen wir das Einleben in unsere Gemeinschaft und geeignete Arbeitsfelder. Wir unterstützen sie, den eigenen Weg zu finden, evtl. auch mit einer weiteren Ausbildung. Es bleibt eine Herausforderung bei allen Unterschieden in der persönlichen Entwicklung Wertung zu vermeiden und Wertschätzung zu erhalten. Stärken und Schwächen, Charismen und Alter spielen doch immer wieder eine Rolle und der Grundsatz der gegenseitigen Achtung (Röm 12,10/ RB 72,4) bleibt manchmal außer Acht und muss wieder eingeholt werden.

In unsere offene Kirche sind alle eingeladen, Anteil zu haben an diesem Raum der Ausrichtung auf Gott, an gelebter Spiritualität. Ausgehend von diesem Mittelpunkt haben wir vielfältige Möglichkeiten, Empfangenes weiterzugeben. Durch unser ›frei sein für Gott‹ ergibt sich ein ›frei sein für die Menschen‹. Entsprechend unserer Begabungen suchen wir die Begegnung mit den Menschen in Klosterladen und im FriedWald, bei Kursangeboten und Geistlicher Begleitung. Es ist immer wieder geheimnisvoll, dass wir selbst Empfangende sind, wenn wir Anteil nehmen dürfen an Gottes Geschichte mit den Menschen.

In unsere offene Kirche sind alle eingeladen, Anteil zu haben an diesem Raum der Ausrichtung auf Gott, an gelebter Spiritualität.

Mit der Feier von 50 Jahren Dasein und diakonischer Arbeit auf dem Schwanberg 2007 haben wir den Leitsatz unserer Gründerin etwas umformuliert:

Menschen zu Christus führen.

In den letzten Jahren haben sich die Leitung der Communität und der Vorstand des Geistlichen Zentrums Schwanberg auseinander- und zusammengesetzt, um zu einer tragfähigen Zusammenarbeit zu finden. Ausgelöst durch die notwendige Umsetzung eines neuen Verpflegungskonzeptes im Geistlichen Zentrum wurde über Inhalte und Form der Zusammenarbeit nachgedacht. Der Begriff *Evangelisches Kloster Schwanberg* drückt das Ergebnis aus: Der Schwanberg ist evangelisches Kloster und doch beschreibt dies eine Zielvorstellung, die immer wieder neu mit Leben zu füllen ist. Wir alle, die wir für und in diesem Kloster arbeiten, bilden eine Gemeinschaft, die unterschiedliche Aspekte von Gastfreundschaft anbietet und verwirklicht. Dazu trägt das neue Verpflegungskonzept bei, durch das im Rahmen einer Haussanierung Speisesaal und Küche neu gebaut werden. Das Brotbrechen hin und her in den Häusern, im Abendmahl und bei den Mahlzeiten, bildet Gemeinschaft und ist sinnstiftend. Diesen Sinn zu spüren und daraus zu handeln ist Geschenk und Verantwortung. So möge unser ganzes Leben ein Gottes-Dienst sein.

Sr. Ursula Buske CCR ist die Priorin der Communität Casteller Ring.

Mehr als eine Scheibe Brot

Wie der Franziskustreff obdachlosen und armen Menschen in Frankfurt am Main hilft

von Ivonne Schulz

Über 33 Jahre ist es schon her: Kapuzinerbruder Wendelin baute 1992 einen Raum im Frankfurter Liebfrauenkloster zum heutigen Franziskustreff um. Bereits damals fanden sich obdachlose Menschen in Liebfrauen ein. Sie suchten Schutz in der Kirche, baten an der Klosterpforte um Hilfe. Sie hatten Hunger und waren gesundheitlich oft angeschlagen.

Bruder Wendelin öffnete morgens selbst die Tür. Bis heute werden die Gäste persönlich begrüßt.

1.500 D-Mark und viel Gottvertrauen

Als Mann der Tat dachte der Kapuzinerbruder nach, was er gegen die drängendste Not – den Hunger – tun konnte. Die Idee des Franziskustreffs war geboren. Wendelin zog andere Menschen ins Vertrauen. Er setzte sich bei ihnen für die Bedürftigen ein. Mit 1.500 D-Mark vom Provinzial der Kapuziner und reichlich Gottvertrauen startete Bruder Wendelin ein erstes Frühstücksangebot. Für alle ohne Dach über dem Kopf und in Armut.

> Als Mann der Tat dachte der Kapuzinerbruder nach, was er gegen die drängendste Not – den Hunger – tun konnte.

Seine »Freunde von der Straße« halfen ihm dabei. Ein Jahr später öffnete sich dann auch die Tür zur Sozialberatung. Und 2024 schließlich die Praxis für Wohnsitzlose. Von Beginn an bis heute sichern die Wohltäterinnen und Wohltäter, die mittlerweile über 60 Ehrenamtlichen und das hauptamtliche Team den Franziskustreff als verlässlichen Zufluchtsort.

An nur einem Vormittag genießen bis zu 200 Menschen das reichhaltige und abwechslungsreiche Frühstück im Franziskustreff.

Und realisieren weitere Initiativen, die Mitmenschen in Not wieder Zugang zu gesellschaftlichem Leben ermöglichen. Mit dem wöchentlichen Café ReBeCa betreibt der Franziskustreff ein eigenes Begegnungsformat. Zudem beteiligt sich die rein aus Spenden finanzierte Hilfseinrichtung schon seit vielen Jahren an der Straßen-Uni, einem niederschwelligen Bildungsangebot und an der Elisabeth-Straßenambulanz, für medizinische Hilfe auf der Straße.

Seit 2022 bringt die MainWeg gGmbH Vermieter und Mitmenschen ohne Wohnsitz zusammen. Die erste Tochtergesellschaft der Franziskustreff-Stiftung arbeitet nach dem Housing-First-Prinzip. Bereits 15 ehemals wohnungslose Menschen fanden auf diesem Weg zurück in ein neues Leben mit einem Zuhause. Eng begleitet von einem Team aus der Sozialarbeit.

Anfang 2025 eröffnete die Stiftung eine weitere gemeinnützige Tochtergesellschaft – die Franziska-Werkstatt gGmbH. Sie richtet sich an Menschen, die keinen Zugang haben zu regulären Arbeits- und Beschäftigungsmöglichkeiten. Und begleitet sie mittels 3-Stufen-Programm und Sozialberatung auf ihrem persönlichen Weg zurück ins Arbeitsleben. Das Werkstatt-Team unterstützt die Teilnehmenden, dabei eine Tagesstruktur zu entwickeln, die nötigen Unterlagen in Ordnung zu bringen, sowie die eigenen Potenziale wiederzuentdecken. Die in der Werkstatt hergestellten Kerzen werden direkt im Ladenbereich der Einrichtung und auf dem Frankfurter Weihnachtsmarkt 2025 zum Verkauf angeboten. Der Erlös trägt dazu bei, das spendenbasierte Hilfsangebot mitzufinanzieren.

Gestern wie heute

Das Herzstück der Obdachlosenhilfe im Franziskustreff ist der Frühstücksraum mit der niederschwellig erreichbaren Sozialberatung und der Praxis für Wohnsitzlose in unmittelbarer Nähe. An diesen Tischen berichten die Gäste von ihren alltäglichen Sorgen und Nöten. Immer weiter arbeitet und orientiert sich das ganze Team daran, um diesen mit passenden Angeboten ergänzend zu begegnen.

Wie in einem Café werden die Gäste am Tisch bedient. Mit Tee oder Kaffee, dazu einem reichhaltig belegten Frühstücksteller nach Wahl.

Alles beginnt mit einem geschützten Ort, an dem man verlässlich und in Würde ein leckeres Frühstück bekommt.

Besser gemeinsam

Alles beginnt mit einem geschützten Ort, an dem man verlässlich und in Würde ein leckeres Frühstück bekommt. Wenn man mag, auch unmittelbare, bedarfsorientierte Hilfe in Anspruch nehmen kann. Aber auch unter Menschen sein und an gesellschaftlichem Leben teilhaben darf. »Hunger ist dabei nur EINE Armut«, so beschreibt die Mitarbeiterin Regina Merckle, warum obdachlose und arme Menschen Tag für Tag zum Franziskustreff kommen.

Teilhabe an gesellschaftlichem Leben ist für jeden lebenswichtig. Für obdachlose und arme Menschen aber oft einfach unbezahlbar. Sprichwörtlich, weil das wenige, was Flaschen sammeln und Betteln einbringen, eigentlich nie für Eintrittsgelder reicht. Dabei sind aber gerade für sie menschliche Kontakte und neue Impulse so wichtig: Um wieder Anschluss zu finden bzw. den Kontakt zur Gemeinschaft nicht komplett zu verlieren.

Aus diesem Bedürfnis heraus entstand das Begegnungsangebot »Reden-Begegnen-Café« – kurz ReBeCa. Das Begegnungscafé ist ein schönes Extra. Denn zusätzlich zu Frühstück, Sozialberatung und ärztlicher Versorgung lädt der Franziskustreff seine obdachlosen und armen Gäste mittwochnachmittags erneut ein. Ab 14 Uhr zu Vorträgen, Spielenachmittagen oder auch Ausflügen.

Die Straßen Frankfurts mal anders: Neue Perspektiven für die Gäste beim Ausflug zum Maintower im Rahmen des Begegnungscafés ReBeCa.

Wünsche und Ideen liefern meist die Gäste selbst. Aber auch Mitarbeitende, Ehrenamtliche oder Wohltäterinnen und Wohltäter bringen sich in die Programmgestaltung ein. Herauskommen dabei die vielfältigsten Angebote wie Teeseminare mit dem Leiter des Franziskustreffs Bruder Michael. Oder indonesisch kochen mit der ehrenamtlich engagierten Rosely, Musiziernachmittage in Zusammenarbeit mit anderen Hilfseinrichtungen bis hin zu Cartoon-Zeichnen-Kursen mit Geschäftsführer Thomas.

Das Team des Franziskustreffs organisiert, was möglich ist. Bei ReBeCa sind die Gäste eingeladen zu einer kurzen Pause von ihrer schwierigen Lebenslage: in netter Gesellschaft, bei kleinen Snacks, mit guten Gedanken. Und dazu, Zusammenhalt zu spüren.

Für alle ist ein Platz am Tisch

Die meisten Gäste des Franziskustreffs sind obdachlos. Aber auch immer mehr von Armut Betroffene nutzen das Hilfsangebot neben der Liebfrauenkirche. Wer zum Franziskustreff kommt, wird nicht nach seinem Namen, seiner Herkunft oder einem Nachweis seiner Not gefragt.

Obdachlose Menschen erinnern auch daran, wie bruchstückhaft das Leben ist und wie schnell es eine andere Bahn nehmen kann.

»Wir sehen in den Gästen eine personalisierte Würde. Man darf Menschen nicht nach dem Aussehen beurteilen. Obdachlose Menschen erinnern auch daran, wie bruchstückhaft das Leben ist und wie schnell es eine andere Bahn nehmen kann. Von ihnen kann man auch Demut lernen. Wer obdachlos ist, hat nichts – nur das, was er bei sich hat. Das sind Lebenskünstler, Überlebenskünstlerinnen, die mit einem Minimum klarkommen«, beschreibt Bruder Michael Wies, was das Team antreibt.

Montags bis samstags und an allen christlichen Feiertagen bedienen die haupt- und ehrenamtlich Mitarbeitenden die Gäste direkt am Platz. Zuvorkommend und mit einem freundlichen Wort. Von Schokocreme-Brot bis zum Fitnessteller, mit viel frischem Gemüse. Dazu eine dampfende Tasse Tee oder Kaffee. Beim Frühstück im Franziskustreff haben die Gäste die Wahl.

Gerade im Winter tut die Wärme des Gastraums ihr Übriges, dass die Gäste die allmorgendliche Einkehr so sehr schätzen. Die meisten wissen, dass viele Menschen spenden, um ihnen das harte Leben auf der Straße und den Zugang zu Sozialberatung sowie nervenärztlicher Versorgung zu erleichtern. Um direkten Rat und Hilfe zu bekommen, etwa bei der Wohnungssuche, bei Problemen mit den Sozialleistungen oder auch wenn psychische Erkrankungen ihnen den Weg zurück zusätzlich erschweren.

Mit einem Frühstück Brücken bauen: Beziehungen und Hilfe zuzulassen, gelingt leichter am verlässlichen Ort und mit vertrauten Menschen.

Konkrete Hilfe – auch bei seelischer Not

Die Frage »Wie geht es Ihnen?« kennen die Gäste des Franziskustreffs von der Sozialarbeiterin Svetlana Strojan und dem Team im Gastraum. Seit einem Jahr nun hören sie diese Frage auch von Dr. med. Eva Fucik. Sie engagiert sich seit vielen Jahren in der Behandlung von wohnungslosen Menschen. »Viele leiden unter einer seelischen Erkrankung und verlieren deswegen die Wohnung. Mieten werden nicht mehr bezahlt und Papiere nicht mehr erledigt. Manche flüchten aus ihrer Wohnung, weil sie Stimmen hören und Angst haben. Oft besteht dann kein Versicherungsschutz mehr und damit kaum Zugang zur regulären medizinischen Versorgung – außer im Notfall«, so die erfahrene Fachärztin für Neurologie, Psychiatrie und Psychotherapie. »Vielmals verhindern dann wiederrum hohe Hürden, dass obdachlose Menschen Behandlung bekommen. Zur Terminvereinbarung braucht man beispielsweise ein Telefon und Guthaben. Aber auch Scham und Ängste vor dem medizinischen System, mitunter bedingt durch schlechte Erfahrungen, können Gründe sein, die es Betroffenen so schwer machen, Hilfe zu bekommen.« Mit der Praxis für Wohnsitzlose trägt der Franziskustreff dazu bei, den Zugang für obdachlose Menschen zu erleichtern und hilft diese Versorgungslücke zu schließen.

Durch die direkte, räumliche Anbindung an den Franziskustreff sind die Sozialberatung und die Praxis für Wohnsitzlose besonders niederschwellig erreichbar. Die Gäste, die regelmäßig zum Frühstück kommen, erleben den Treff als sicheren Ort, wo sie unter vertrauten Menschen sind. Viele holen sich daher auch in der Sozialberatung weitere Hilfe in Alltagsfragen oder lassen sich begleiten, auf ihrem Weg zurück in ein geregeltes Leben. Erschweren jedoch psychische Erkrankungen ihre Situation zusätzlich und stößt die Sozialberatung dadurch an ihre Grenzen, werden die Gäste – ihr Einverständnis vorausgesetzt – direkt von der Sozialarbeiterin in die Sprechstunde der Praxis vermittelt. Und so eine schnelle Behandlung ohne große Hürden besonders für psychisch kranke Mitmenschen, die auf der Straße leben, ermöglicht.

Die Gäste, die regelmäßig zum Frühstück kommen, erleben den Treff als sicheren Ort, wo sie unter vertrauten Menschen sind.

Verlässlichkeit schafft Vertrauen

Ein Frühstück und Hilfe in sozialen Fragen anzubieten, sowie die Gesundheit obdachloser und armer Menschen zu stabilisieren: In diesem Dreiklang der Mitmenschlichkeit führt die Franziskustreff-Stiftung das Lebenswerk Bruder Wendelins fort. Weil Menschen mit anderen teilen, denen es nicht so gut geht, bleibt der Franziskustreff sicherer Anlaufpunkt. Und baut das Hilfsangebot weiter aus. Ganz nah am wirklichen Bedarf obdachloser und armer Mitmenschen.

Mit nachhaltigem Erfolg: »Wer erst einmal auf der Straße angekommen ist, für den sind die Hürden zurück sehr hoch. Ohne Wohnung keine Arbeit. Ohne Arbeit keine Wohnung. Ist man einmal durch das Sozialnetz gerutscht, schafft man es ohne Hilfe schwer wieder hinein. Das Frühstück, die Sozialberatung und die Praxis bauen erste Brücken für betroffene Menschen und lindern die dringendsten Nöte. Am Beispiel eines Gastes, der seinen Weg zurück mit dem Franziskustreff gegangen ist, wird sichtbar, wie die vielfältigen Hilfsangebote des Franziskustreffs an den Bedürfnissen obdachloser Menschen ineinandergreifen: Dieser Weg begann mit regelmäßigem Frühstücken morgens im Gastraum. Irgendwann vertraute sich der Gast in der Sozialberatung

Die Türen des Franziskustreffs gemeinsam offen halten: Jede Spende wirkt.

an und ließ sich helfen. Über *Housing First* bezog er schließlich wieder ein sicheres Zuhause. Daraufhin wurden weitere Schritte möglich. Die Sozialarbeiterin, die im ganzen Prozess mit Rat und Tat an seiner Seite war, gab ihm dabei Sicherheit. Und schließlich fand er durch seine Teilnahme am Angebot der Kerzenwerkstatt zurück ins Arbeitsleben. Und arbeitet nun in Festanstellung bei einem Frankfurter Unternehmen. An seiner Geschichte zeigt sich, warum bedarfsorientierte Angebote für Menschen in Not so wichtig und wirksam sind«, so der Bruder Michael Wies.

Bruder Wendelin wäre sicher stolz und glücklich, was aus dem Samen, den er einst säte, gewachsen ist. Und stetig wächst. Sein Herzensanliegen bringt weiterhin viele Menschen zusammen, damit es obdachlosen und bedürftigen Menschen besser geht.

Bruder Wendelin wäre sicher stolz und glücklich, was aus dem Samen, den er einst säte, gewachsen ist.

Doch damit der Tisch gedeckt bleibt, die Sozialarbeiterin weiter die besten Lösungen finden darf und die Gäste gesünder werden können, braucht es Unterstützung: Der Franziskustreff ist, wie zu Bruder Wendelins Zeiten, weiterhin auf Spenden angewiesen. Denn weder Staat noch Kirche finanzieren seine Hilfsangebote.

Allen, die mit einer Spende an den Franziskustreff obdachlosen und armen Menschen die Hand reichen, sagen wir: Danke.

UNSER SPENDENKONTO:
Franziskustreff-Stiftung
IBAN: DE10 5109 0000 0077 0317 07
BIC: WIBADE5W
Wiesbadener Volksbank eG
Verwendungszweck: LPB

Mehr dazu erfahren Sie unter www.franziskustreff.de

Gern zeigen wie Ihren, wie Spenden im Franziskustreff wirken:
Abonnieren Sie unser kostenloses

Jahresmagazin oder den Newsletter.

Für aktuelle Einblicke folgen Sie gern unseren Profilen bei Facebook, Instagram oder LinkedIN.
Bilder noicrew.com // Franziskustreff-Stiftung Archiv

Jesus Biker

von Sabine Frank

Für uns steht nicht die Struktur im Mittelpunkt, sondern der gemeinsame Glaube und die Freude daran, ihn auf zwei Rädern in die Welt hinauszutragen.

Wir, die **JesusBiker®**, sind eine Motorradgemeinschaft, die ihren Glauben an Jesus Christus mit der Leidenschaft fürs Motorradfahren verbindet. Unsere Gemeinschaft ist ökumenisch geprägt – bei uns finden Menschen verschiedenster Konfessionen zusammen: Katholiken, Evangelische, Orthodoxe, Freikirchliche und auch Christen ohne feste Kirchenbindung. Was uns eint, ist unser geteiltes Glaubensbekenntnis und unsere Taufe. Wir verstehen uns dabei weder als neue Kirche noch als Sekte oder klassischer Motorradclub mit festen Hierarchien oder Mitgliedsbeiträgen. Für uns steht nicht die Struktur im Mittelpunkt, sondern der gemeinsame Glaube und die Freude daran, ihn auf zwei Rädern in die Welt hinauszutragen.

Unsere Organisation ist bewusst frei und unbürokratisch gestaltet. Es gibt bei uns keinen Präsidenten im herkömmlichen Sinne. Wichtige Entscheidungen werden in der Gemeinschaft getroffen. Damit unsere Arbeit nach außen wirken kann, haben wir im vergangenen Jahr einen gemeinnützigen Verein gegründet. **JesusBiker® Help** ist nicht nur gemeinnützig anerkannt und darf Spendenquittungen ausstellen, sondern auch beim Oberlandesgericht Frankfurt am Main gelistet für die Zuwendung von Geldbeträgen. Unter der Listennummer 16315 können zu Geldauflagen Verurteilte ihre Zahlung an uns leisten.

Unser Antrieb ist der Auftrag Jesu, das Evangelium zu verkünden. Die Worte aus Markus 16 – »Geht hinaus in die ganze Welt ...« – begleiten uns auf unserem Weg. Wir wollen den Glauben sichtbar machen, nicht durch Worte allein, sondern durch unser Leben, unser Miteinander, unsere Offenheit und unser Engagement. Dabei

Foto: Archiv JesusBiker®

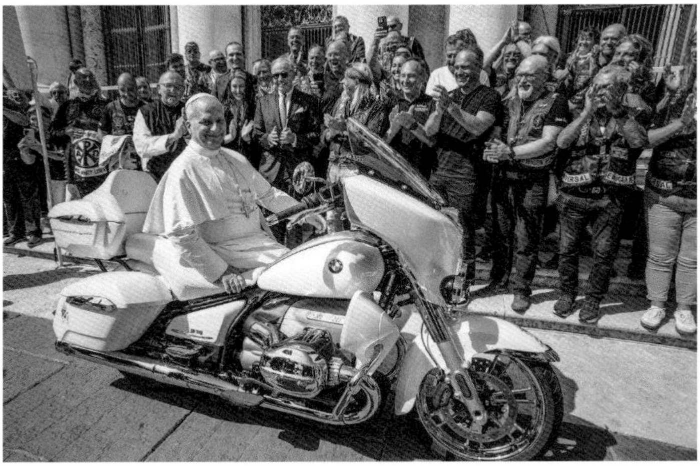

Foto: Archiv JesusBiker®

ist es uns wichtig, niemanden zu bedrängen oder missionarisch zu überrollen. Unser Zeugnis soll aus Liebe, Dienst und echter Gemeinschaft sprechen. Nächstenliebe, Frieden, Gerechtigkeit und gelebte Solidarität sind die Werte, an denen wir uns orientieren.

Unsere Aktivitäten sind vielfältig. Besonders bekannt sind unsere **PeaceRides®** – etwa unsere Friedensfahrt nach Rom – bei denen wir Gebet, Gemeinschaft, öffentliches Zeugnis und Spendenaktionen verbinden. Auch Benefizveranstaltungen gehören zu unserem Engagement, wie etwa die Versteigerung von Motorrädern zugunsten karitativer Projekte. Darüber hinaus feiern wir ökumenische Gottesdienste, segnen Menschen und Maschinen, begleiten Hochzeiten, Taufen und auch Beerdigungen. Uns ist wichtig, dass unsere Gemeinschaft offen bleibt – nicht nur für Biker, sondern auch für alle, die auf der Suche nach Glauben, Sinn oder echter Gemeinschaft sind.

Unsere Kutten, unser Auftreten und unsere Fahrten machen uns sichtbar – und genau das wollen wir auch. Wir möchten zeigen, dass Glaube heute gelebt werden kann: frei, unkonventionell und mitten im Leben. Viele Medien haben über uns berichtet, und wir freuen uns über die Aufmerksamkeit, wenn sie hilft, unsere Botschaft zu verbreiten. Für uns ist es eine Freude, ein Teil einer Bewegung zu sein, die Hoffnung und Versöhnung in eine oft zerrissene Gesellschaft trägt. Als **JesusBiker®** setzen wir uns aktiv für den interkonfessionellen Dialog ein, treten gegen Ausgrenzung und Spaltung ein und wollen ein Zeichen des Friedens auf zwei Rädern sein.

Wir möchten zeigen, dass Glaube heute gelebt werden kann: frei, unkonventionell und mitten im Leben.

Was uns ausmacht, ist die Verbindung von Freiheit und Verantwortung – mit dem Gashahn in der Hand und Jesus im Herzen.

Sabine Frank aus Babenhausen ist die Pressesprecherin der ***JesusBiker®****.*

Priesterliches Leben in Quellen der Kirchengeschichte

von Heiko Wulfert

Hieronymus (ca. 347–420) beschreibt in seinem Brief an Heliodor[1] einen vorbildlichen Priester. Er lebt selbst tugendhaft, widmet sich der Lehre und Seelsorge und sorgt für die Schönheit der Gottesdienste:

> *Da er das Amt des Klerikers nicht als Würde, sondern als Bürde verstand, sorgte er zuerst dafür, den Neid durch Demut zu überwinden, danach, dass keine sündhaften Gerüchte über ihn verbreitet werden konnten, damit diejenigen, die über sein Alter herzogen, über seine Enthaltsamkeit staunen mussten. Er kam den Armen zu Hilfe, besuchte die Kranken, war gastfreundlich, besänftigte mit guten Worten, freute sich mit den Fröhlichen, weinte mit den Weinenden. Er diente den Blinden, speiste die Hungernden, gab den Elenden Hoffnung, tröstete die Trauernden. In jeder seiner Tugenden war er so hervorragend, als besäße er keine andere. […] Er betete viel, wachte, brachte seine Tränen Gott und nicht den Menschen dar; […] Durch ständiges Lesen und Meditieren hatte er sein Herz zu einer Bibliothek Christi gemacht. Sein Geist war Christus in großen, wie in kleinen Dingen gleichermaßen hingegeben, im Bewusstsein, dass er auch für ein müßig dahingesprochenes Wort Verantwortung geben müsse. So war er auch darum besorgt, dass der Altar glänzte, die Wände von Ruß frei waren, die Böden gesäubert, dass der Türhüter wachsam an der Pforte stand, die Altartücher im Schrank verwahrt waren, das Heiligtum rein war, die Gefäße glänzend; allen Zeremonien mit frommer Sorgfalt zugetan, vernachlässigte er keine kleine und keine große Pflicht. Wo immer du ihn in der Kirche suchtest, konntest du ihn finden.*

Er betete viel, wachte, brachte seine Tränen Gott und nicht den Menschen dar […]

Johannes Chrysostomus (344–407) stellt die eigenen Zweifel bei der Berufung zum Priesteramt dar. Im Vordergrund steht ihm die Heiligkeit des Altardienstes, in dem der Priester vor Gott steht und in Gottes Namen der Gemeinde dient[2]:

> *Denn als wäre ihm die ganze Welt anvertraut und als wäre er der Vater aller, so tritt er vor Gott hin mit der Bitte, es möge überall die Kriegsfackel ausgelöscht und den Unruhen ein Ende gemacht*

[1] Epistel an Heliodor, 60, MPL 22,595.
[2] De Sacerdotio, 6,4 MPG 48,680.

werden, ferner, es möge Frieden und Wohlfahrt und baldigste Befreiung von allen Übeln, die jeden Einzelnen sowohl im privaten wie im öffentlichen Leben bedrängen, beschert werden. Es erscheint nun aber notwendig, dass er selber über alle, für welche er bittet, in jeglicher Beziehung so sehr hervorrage, wie dies bei einem Vorgesetzten im Verhältnis zu seinen Untergebenen selbstverständlich ist.
Wenn er gar den Hl. Geist herabruft, das schauererregendste Opfer vollbringt, und den Herrn, das Gemeingut aller, beständig berührt, auf welche Rangstufe, sage mir, setzen wir ihn da erst? Welch peinliche Reinheit und welch ausnehmende Gewissenhaftigkeit müssen wir da von ihm fordern? Bedenke doch, wie beschaffen die Hände sein müssen, die solchen Dienst verrichten, wie beschaffen die Zunge, die solche Worte ausspricht, wie die Seele, die solchen Geist in sich aufnimmt, reiner und heiliger sein muss als die jedes anderen! Zu dieser Zeit umringen selbst Engel den Priester; das ganze Heiligtum und der Raum um den Altar ist angefüllt mit himmlischen Heerscharen, dem zu Ehren, der auf dem Altare liegt. Es ist das an und für sich schon genügend glaubwürdig bei Berücksichtigung alles dessen, was in dem genannten Zeitpunkte auf dem Altare vor sich geht. Zudem habe ich einmal jemanden erzählen hören, es habe ihm ein Greis, ein angesehener Mann, der Erscheinungen zu sehen gewohnt war, berichtet, er sei eines derartigen Gesichtes gewürdigt worden; er habe nämlich in jenem Augenblicke plötzlich, soweit es ihm überhaupt möglich war, eine Menge Engel erblickt, eingehüllt in glänzende Gewänder, rings um den Altar, sich zu Boden neigend, wie man Soldaten dastehen sehen kann in Gegenwart des Königs. Ich wenigstens glaube das auch. Ein zweiter, der es dazu nicht von einem anderen erfahren hatte, sondern der selber es zu sehen und zu hören gewürdigt worden, hat mir erzählt, dass Leute, die im Begriffe sind, von hinnen zu scheiden, falls sie mit reinem Gewissen dieses Geheimnis genossen haben, im Augenblicke, da sie gerade ihre Seele aushauchen, um der empfangenen Gabe willen von Engeln wie von einer Leibwache hinübergeleitet werden. Und du schauderst noch nicht davor zurück, eine Seele [wie die meinige] in einen solch heiligen Dienst hineindrängen und einen mit so schmutzigen Gewändern bekleideten Menschen, den auch Christus aus der Schar der übrigen Gäste ausgestoßen hat, zu der Priesterwürde erheben zu wollen? Gleich dem Lichte, das den Erdball erleuchtet, muss die Seele des Priesters hell erstrahlen. Meine Seele jedoch hält infolge ihres schlechten Gewissens eine so dichte Finsternis umfangen, dass sie sich beständig verkriechen muss und niemals mit Vertrauen zu ihrem Herrn aufzublicken wagt. Die Priester sind das Salz der Erde. Meinen Unverstand hingegen und meine Unerfahrenheit in allen

Darum muss er vielseitig sein; vielseitig sage ich, nicht verschlagen, kein Schmeichler oder Heuchler, sondern ausgestattet mit Freimut und Offenheit […]

Dingen, wer wird sie ohne weiteres ertragen außer dir, der du es schon gewohnt bist, mich überschwänglich zu lieben? Denn wer eines solch hohen Amtes für würdig befunden werden soll, muss nicht bloß rein sein, sondern auch höchst verständig, und vielerlei Erfahrung besitzen; er muss einerseits in sämtlichen weltlichen Verhältnissen sich ebenso gut auskennen wie die, welche mitten in der Welt sich bewegen, anderseits von all dem mehr losgeschält sein als die Einsiedler, welche sich in die Einöden zurückgezogen haben. Ist er doch genötigt, mit Männern zu verkehren, die verheiratet sind, Kinder zu erziehen haben, Dienstboten besitzen, sich großen Reichtums erfreuen, in öffentlichen Ämtern stehen und eine einflussreiche Stellung einnehmen. Darum muss er vielseitig sein; vielseitig sage ich, nicht verschlagen, kein Schmeichler oder Heuchler, sondern ausgestattet mit Freimut und Offenheit, der es auch versteht, falls die Lage der Verhältnisse es erfordert, sich in heilsamer Weise herablassend zu zeigen, milde und streng zugleich. Denn es geht ebenso wenig an, alle Untergebenen auf eine und dieselbe Weise zu behandeln, als es für die Ärzte zweckmäßig ist, allen Kranken gegenüber das nämliche Verfahren einzuschlagen, oder für einen Steuermann, bloß einen Ausweg beim Kampfe mit den Winden zu kennen. Umbrausen doch auch dieses Schiff beständige Stürme, die nicht nur von außen sich heranwälzen, sondern auch aus dem Innern hervorbrechen. Und da ist sowohl herablassende Nachgiebigkeit wie große Strenge vonnöten. Alle die genannten Erfordernisse gehen nur auf ein einziges Ziel hinaus: die Ehre Gottes und das Heil der Kirche.

Isidor von Pelusium (um 360–431/451) zeigt den Priester in einer Mittlerstellung zwischen göttlicher und menschlicher Welt[3]:

Das Priesteramt steht gewissermaßen in der Mitte zwischen göttlicher und menschlicher Natur, damit es der einen diene, die andere aber zur Besserung anleite.

Pseudo-Dionysius Areopagita (um 500) stellt in seiner kirchlichen Hierarchie eine Abspiegelung dessen dar, was er über die himmlische Hierarchie geschrieben hat. Im Dienst der Liturgie wird die Gegenwart Gottes in seiner Kirche spürbar[4]:

Unsere Hierarchie, heiligster Sohn unter heiligen Söhnen, hat zum Gegenstande die in Gott gegründete, göttlich erhabene und göttlich wirkende Wissenschaft, Wirksamkeit und Vollendung. Aus den überweltlichen, hochheiligen Schriftworten müssen wir das Gesagte für diejenigen nachweisen, welche kraft der hierar-

[3] Epistel an Hermogenes, MPG 78,745 C.

[4] De ecclesiastica Hierarchia 1,1, MPG 3,372B. Übersetzung Josef Stiglmayr in BKV.

Foto: Rolf Gerlach

chischen Mysterien und Überlieferungen zum geweihten Stand des heiligen sakramentalen Dienstes (der heiligen »Mystagogie«) konsekriert worden sind. Aber siehe zu, dass du nicht das Allerheiligste ausplauderst, sondern mit Ehrfurcht bewahrest und die Geheimnisse des verborgenen Gottes in einem intellektuellen, dem Sichtbaren entrückten Erfassen in Ehren hältst. Gegenüber den ungeweihten schütze sie vor Mitteilung und Besudelung und nur den Heiligen unter den Heiligen teile sie auf heiligmäßige Art in heiliger Erleuchtung mit. Denn auf diese Weise strahlt auch, wie die Gottesoffenbarung uns, ihren Jüngern, überliefert hat, Jesus, der urgöttlichste und überwesentliche Geist, der jeglicher

Denn auf diese Weise strahlt auch, wie die Gottesoffenbarung uns, ihren Jüngern, überliefert hat, Jesus, der urgöttlichste und überwesentliche Geist […]

Hierarchie, Heiligung und Gotteswirkung Prinzip und Wesen ist, er, die urgöttlichste Macht, in die seligen, über uns stehenden Wesen lichtvoller und geistiger zugleich hinein und bildet sie nach Möglichkeit nach seinem eigenen Lichte um. Die vielfachen Besonderungen unseres Wesens aber schließt er durch die zu ihm emporstrebende und uns mitemporhebende Liebe zum Guten und Schönen einheitlich zusammen, vervollkommnet sie zu einem eingestaltigen, göttlichen Leben, Zustand und Wirken und gewährt uns so die heiligmäßige Gewalt des göttlichen Priestertums. Während wir aber aus dieser heraus an die heilige Betätigung des Priesteramtes herantreten, gelangen wir selbst in größere Nähe der über uns stehenden Wesen und zwar durch die möglichste Verähnlichung mit dem Beharrlichen und Unveränderlichen ihres Zustandes. Und indem wir dergestalt zum seligen, urgöttlichen Strahl, Jesus, emporblicken und eine möglichst hohe Stufe heiliger Beschauung ersteigen, werden wir, mit der Erkenntnis der geschauten Dinge erleuchtet, in den Stand gesetzt werden, nicht bloß selbst in das Heiligtum der mystischen Wissenschaft einzutreten, sondern auch anderen Führer dahin zu sein, wir werden ebenso in uns lichtgestaltet werden wie göttliche Wirksamkeit an andern entfalten, wir werden selbst zur Vollendung gelangen und zugleich zu Lehrern der Vollkommenheit ausgebildet werden.

Gregor der Große (540–604) hat in seinen *Regulae pastoralis*[5] eine Lebensregel des geistlichen Standes gegeben. In ihr und in der hier zitierten Briefstelle zeichnet er den Priester als einen Gesandten Gottes, der vollmächtig Wort und Willen Gottes durch Lehre und Leben zu den Christen bringt:

> *Der Vorsteher (rector) soll mit gutem Beispiel vorangehen, damit er seine Untergebenen auf dem Weg des Lebens durch sein Leben anleite, und die Herde, die der Stimme und den Sitten des Hirten folgt, mehr durch sein Beispiel als durch seine Worte führe. Denn wer seines Amtes wegen gezwungen ist, Lehre weiterzugeben, muss sie aus gleicher Notwendigkeit durch sein Beispiel bezeugen. Denn eine Stimme dringt leichter in die Herzen der Hörer ein, wenn sie das, was sie lehrend gebietet, durch das Beispiel zu erfüllen hilft. […]*
> *Das Priestertum trägt eine schwere Last. Zuerst, weil es die Pflicht des Priesters ist, den anderen ein Vorbild zu sein, und danach sich auch zu hüten, dass er durch das gegebene Beispiel nicht selbst hochmütig wird. Er muss immer den Dienst der Verkündigung bedenken, in der größten Furcht beachtend, dass der*

[5] Regulae pastoralis liber 2,3, MPL 77,28 B. – Epistulae 2, 47, MPL 77,587 C.

Herr zurückkehren wird, um sein Reich einzunehmen und den Knechten die Talente mit den Worten gab: »Handelt damit, bis ich wiederkomme!« (Lk. 19,13). Dies ist gewiss eine Aufgabe, der wir uns wahrhaftig widmen, wenn wir durch unser Leben und Reden die Seelen unserer Nächsten gewinnen, wenn wir durch die Verkündigung des Himmelreiches alle Schwachen in Liebe zum Himmel stärken, wenn wir die Hartnäckigen und Ängstlichen durch die furchterregende Schilderung der Höllenstrafen bekehren können, wenn wir niemandem die Wahrheit verschweigen, wenn wir, der himmlischen Freundschaft ergeben, die Feindschaft der Menschen nicht fürchten.

Dies ist gewiss eine Aufgabe, der wir uns wahrhaftig widmen, wenn wir durch unser Leben und Reden die Seelen unserer Nächsten gewinnen […]

Luther deutet in seiner ersten Psalmenvorlesung Psalm 122,5 *Dort stehen die Throne [sedes] zum Gericht, die Thorne des Hauses David*. Er sieht in den Thronen die bischöfliche Kathedra und seine Darstellung schillert zwischen Anerkennung der Autorität und humorvoll anmutender Kritik an krichlichem Herrschaftsstreben[6]:

Ein sehr schöner Vers, der wunderbar die Eigenart der kämpfenden Kirche [ecclesia militans] beschreibt - wenn es mir gelingt, das zu erklären. Aber komm, Herr, sei bei uns und lass uns den Versuch wagen. Hier muss ein Unterschied in der Sache gemacht werden, der offensichtlich ist, d. h. die Rede ist von der Macht und Herrschaft des Episkopates und der Priester, aber der Thronende ist Christus, der nicht erscheint und verborgen ist durch den Glauben und im Glauben, und er thront doch in ihnen und ist gegenwärtig, ja ganz und gar gegenwärtig, denn diese Throne sind sein. Daher steht er der Kirche und seinem Volk nicht körperlich - das tun seine Stellvertreter (vicarii), die Priester: die thronen, herrschen und regieren körperlich über das Volk, wie es offenbar ist. Damit es aber nicht so aussieht, als wären sie selbst die Herren über eigenen Besitz, demütigt er sie und nennt sie »Throne« und nicht »Thronende«. Das heißt: Ihr mögt thronen, regieren, herrschen, vorstehen, aber ihr seid nicht Thronende, Könige, Herrscher, Vorsteher dieses Volkes, sondern Stellvertreter und Throne, auf denen der wahre König selbst sitzt, der Thronende, Herrscher, Vorsitzende. In Zukunft aber, »wenn er vernichtet haben wird alle Herrschaft und Gewalt« (1. Kor. 15,24) und allein als König in Ewigkeit thronen wird, werdet ihr nicht die Throne sein, um auf ihnen zu thronen, sondern ihr werdet Throne sein, damit ihr steht, und er allein wird [auf dem Thron] sitzen. Nun aber seid ihr wegen des Glaubens Throne, habt auch Throne über untergebenen Völkern, über die ihr im Namen und anstelle des Herrn regiert:

6 WA 4,403 f.406.

Er aber [regiert] in euch. Wenn er aber euren Thron einnimmt, macht ihr den Platz frei und sitzt mit jenen zusammen, die nun für euch seinetwegen Untergebene sind, der über ihnen thront und sie euch unterworfen hat. So aber hat er nun durch dieses Wort die Praelaten gedemütigt und ihnen Furcht eingegossen, da er sie als Thronende ermahnt und sie eher Throne als Thronende nennt, damit sie wissen, dass sie Christus als höchsten Herrn haben, so wie sie Obere über die Übrigen sind. Gleichermaßen hat er auch den Untergebenen Furcht eingegossen, Ehrfurcht und Gehorsam gegenüber den Praelaten, damit sie wissen, jene seien die Throne Christi. Darum sollen sie auch aus wahrem Herzen demütig sein, als ob sie vor Christus auf seinem Thron sitzen würden, nicht wegen des Throns, sondern wegen des Throns Christi, der zweifellos unsichtbar dort sitzt. So war einst das Abbild des Gnadenstuhls, wo der Thron Gottes war, der doch unsichtbar dort thronte: So thront er nun in seiner Kirche, die sein Thron ist.

So war einst das Abbild des Gnadenstuhls, wo der Thron Gottes war, der doch unsichtbar dort thronte: So thront er nun in seiner Kirche, die sein Thron ist.

Der Pädagoge, Pfarrer und Schriftsteller Dietrich Vorwerk (1870–1942) zeichnet ein Idealbild des priesterlichen Lebens. Seine Vorlage ist einer mittelalterlichen Handschrift aus Salzburg entnommen[7]:

Ein Priester muss sein
ganz groß und ganz klein;
vornehmen Sinns wie aus Königsgeschlecht,
einfach und schlicht wie ein Bauernknecht;

ein Held, der sich selbst bezwungen,
ein Mensch, der mit Gott gerungen;
ein Quell von heiligem Leben,
ein Sünder, dem Gott vergeben;
ein Herr dem eignen Verlangen,
ein Diener der Schwachen und Bangen;
vor keinem Großen sich beugend,
zu den Geringsten sich neigend;

ein Schüler vor seinem Meister,
ein Lehrer im Kampf der Geister;
ein Bettler mit flehenden Händen,
ein Herold mit goldenen Spenden;
ein Mann auf den Kampfesstätten,
ein Weib an den Krankenbetten;
ein Greis im Schauen,
ein Kind im Trauen;

[7] Durchgepflügtes Land. Gedichte von Dietrich Vorwerk, Schwerin ²1921, 17 f.

nach Höchstem trachtend,
das Kleinste achtend;
gestimmt zur Freude,
vertraut dem Leide,
weitab vom Neide;
im Denken klar,
im Reden wahr;
des Friedens Freund,
der Trägheit Feind;
feststehend in sich,
ganz anders als ich.

[...]
des Friedens Freund,
der Trägheit Feind;
feststehend in sich,
ganz anders als ich.

Nehmt und trinkt vom Kelch des Lebens

Altargeräte von Rose-Marie Nyqvist

von Heiko Wulfert

Besonders nach der Corona-Pandemie wurden in vielen Gemeinden Gießkelche eingeführt. Der Gebrauch des Gießkelchs ermöglicht es, die Abendmahlsliturgie mit dem einen Kelch zu feiern, der dann an alle ausgeteilt wird. Der Kelch muss groß genug sein, den Wein zu fassen, der dann in die Einzelkelche der Gemeindeglieder gegossen wird. Die Schale des Kelches (cuppa) muss im richtigen Verhältnis zum Fuß (stilus) stehen, dieser muss eine Form haben, die den Kelch gut in der Hand liegen lässt, um ein Schwanken oder Kippen während Zelebration und Austeilung zu vermeiden. Der Stilus kann eine knaufartige Verdickung (Nodus) haben, die das Halten erleichtert. In seiner Gestaltung sollte der Kelch in einem Bezug der Farbe und Form zu den Einzelkelchen stehen und so die Verbundenheit der einen feiernden Gemeinde zum Ausdruck bringen. Liturgie und Kunst müssen hier zusammenwirken, um die Heiligkeit des Sakraments und der Gegenwart Christi im Mahl zu bezeugen. Der weit verbreitete Irrglaube, Schlichtheit sei das Markenzeichen sakraler Kunst im Protestantismus, hat leider dazu geführt, dass viele Altargeräte nur den Charme einer Hochglanz-Kaffeekanne der Firma WMF spiegeln. Das sollte anders werden.

Der weit verbreitete Irrglaube, Schlichtheit sei das Markenzeichen sakraler Kunst im Protestantismus, hat leider dazu geführt, dass viele Altargeräte nur den Charme einer Hochglanz-Kaffeekanne der Firma WMF spiegeln.

Die Keramikgestalterin Rose-Marie Nyqvist entwirft seit 2022 auch Gießkelche und andere Vasa sacra. Die finnische Künstlerin wanderte 1993 nach Deutschland aus, wo sie ihre Ausbildung als Keramikerin und Scheibentöpferin abschloss. Nach einem Aufenthalt in England bei der Töpferei John West führte sie ihre berufliche Qualifikation in Deutschland weiter zur staatlich geprüften Keramikgestalterin. Dazu kam ein Abschluss als Heilerziehungspflegerin – ein Arbeitsbereich, in dem sie ihre Kreativität als Töpferin bereichernd einsetzen kann.

Im Jahr 2021 eröffnete sie in Aarbergen-Kettenbach das Keramik-Atelier Birkenhof[1]. Ihre Leidenschaft für Keramik und die Natur findet ihren Ausdruck in ihrer künstlerischen Gestaltung. Inspirierend wirkten für sie die finnischen Birkenwälder. In der Gestaltung der Oberflächen ihrer Keramik folgt sie dem Bild der zarten Birkenrinde und den Farben des Birkenlaubs im Wechsel der Jahreszeiten. Die Zylinderform des Baumes kehrt als Gestaltungsprinzip

---

1 Im Internet zu finden unter: www.keramikatelierbirkenhof.de.

Foto: Archiv Wulfert

immer wieder. In ihrer Arbeit als Heilerziehungspflegerin geht sie ganz auf die Bedürfnisse der ihr anvertrauten Kinder ein und fördert ihre Kreativität; das Schaffen mit den Händen und das Erleben des eigenen Gestaltens fördern das Selbstvertrauen.

Ihren ersten Abendmahlskelch gestaltete Rose-Marie Nyqvist für die evangelische Peterskirche in Aarbergen-Kettenbach. In dem hellen Innenraum der 1751 erbauten Kirche dominieren in der Bemalung Kobaltblau und Zinnoberrot. Die zweiseitige Empore ist in bemalte Kassetten eingeteilt. Im Töpferatelier entstanden mehrere Entwürfe für den Kelch, die Farben und Formen der Innenraumbemalung aufnahmen. Der Kirchenvorstand konnte auswählen und sich für einen Entwurf entscheiden: Auf der Cuppa des Kelches erscheinen umlaufend die Kassettenformen der Empore und Details der Raumbemalung, der Stilus nimmt die Farben der Wände auf. Ein angedeuteter Nodus in Zinnoberrot unterteilt den Stilus. So korrespondiert die Gestaltung des Kelches mit dem ihn umgebenden Kirchenraum

Die Höhe der Cuppa und der Durchmesser des Fußes betragen jeweils 12 cm. Der Durchmesser der Cuppa und die Höhe des Stilus haben ebenfalls das gleiche Maß von 14 cm. Die Zwölf steht für die Apostel, die das heilige Mahl aus den Händen Christi empfangen und nach seinem Auftrag das Evangelium in die Welt tragen. Die Vierzehn erscheint im Stammbaum Jesu nach Matthäus. Die Geschlechterfolgen von Abraham bis David, von David bis zur babylonischen Gefangenschaft und von dieser bis zu Christus haben jeweils 14 Glieder[2]. Die Vierzehn steht damit für Gottes Heilsweg zur Erlösung der Menschen.

Die Zwölf steht für die Apostel, die das heilige Mahl aus den Händen Christi empfangen und nach seinem Auftrag das Evangelium in die Welt tragen.

[2] Mt. 1,17.

Heiko Wulfert, Rose-Marie Nyqvist, Bernd Brodt; Foto: Archiv Wulfert

Der Kirchenvorstand entschied sich dafür, fünfzig zum Gießkelch passende Einzelkelche anzuschaffen, um dadurch noch stärker den Charakter des gemeinsamen Mahles zu betonen. Sie sind im weißen Grundton des Kelches mit einem schlichten blauen Rand gehalten. An Pfingsten 2022 konnte die Kelchweihe im festlichen Gottesdienst stattfinden.

Für die evangelische Kirche in Offenheim (Rheinhessen) gestaltete Rose-Marie Nyqvist 2025 zwei Gießkelche, einen Brotteller und vierzig Einzelkelche. Der äteste Teil der Offenheimer Kirche entstammt dem 13. Jahrhundert, das heutige Erscheinungbsild ist durch den Barock der zweiten Hälfte des 18. Jahrhunderts bestimmt. Die kleine Gemeinde im rheinhessischen Land der Reben ist vom Weinbau bestimmt. So sollte sich auch

Foto: Archiv Wulfert

das Wort Christi: »Ich bin der Weinstock, ihr seid die Reben« (Joh. 15,5) in der Darstellung der vasa sacra spiegeln.

Der bestimmende und mit dem Innenraum der Kirche korrespondierende Farbton ist ein kräftiges Blau, durchbrochen von einem umlaufenden Kranz aus stilisierten Weinreben, die in einem kreisrunden Ornament das Monogramm Christi tragen – die Reben sind an den Weinstock Christus gebunden. Auf dem Abschluss des Krugdeckels ist dies plastisch gestaltet. Es ist der gekreuzigte und auferstandene Christus, der hier im heiligen Mahl in, mit und unter Brot und Wein empfangen wird. Der Hostienteller ruht auf einem Fuß, der der Hand beim Austeilen einen sicheren Halt gibt und es dem Austeilenden erleichtert, die Kommunikanten beim persönlich zugesprochenen Spendewort anzusehen. Die Einzelkelche tragen auch die blaue Glasur und im Inneren die Cremefarbe des umlaufenden Bandes.

Es ist der gekreuzigte und auferstandene Christus, der hier im heiligen Mahl in, mit und unter Brot und Wein empfangen wird.

Unsere Wertschätzung des heiligen Mahles und unsere Ehrfurcht vor dem Sakrament Christi muss auch in der Gestaltung der Vasa sacra ihren Ausdruck finden. Der Kirchenraum, die den Gottesdienst feiernde Gemeinde und das heilige Mahl als Mitte und Höhepunkt des Gottesdienstes verlangen eine entsprechende Gestaltung der liturgischen Geräte. Dies kann auch dazu beitragen, in der Gemeinde eine neue Achtung für das heilige Mahl zu wecken, das allzu lange eine Winkelexistenz als »heilige Seltenheit« führte.

Nicäa

von Petra Reitz

Einleitung

Das Konzil von Nizäa, das 325 n. Chr. stattfand, feiert in diesem Jahr (2025) sein 1.700-jähriges Bestehen. Bedenkt man, dass es durchaus für den heutigen christlichen Glauben grundlegende Linien zeichnet, muss man dennoch – mit der dogmengeschichtlichen Forschung des 19. und 20. Jhs.[1] – feststellen, dass es zu seiner Zeit kein einschneidendes Ereignis war. Vielmehr vollzieht es sich innerhalb einer größeren Gesamtentwicklung, zu der der melitianische Streit in Ägypten, der Streit um den Ostertermin und die sogenannte ›Konstantinische Wende‹ (313 n. Chr.) ebenso gehörten wie die Auseinandersetzung mit den Lehren des Arius (260–327 n. Chr.). Und auch der ›Konstantinischen Wende‹ eignet das Prozesshafte einer größeren Entwicklung an, wobei sie am wenigsten vom Konzil von Nizäa zu trennen ist. In welcher Zeit ereignet sich die – rückblickend – als 1. ökumenisches Konzil gezählte Kirchenversammlung, die sich zum Verständnis und zu Lehrinhalten des christlichen Glaubens äußerte?

Geschichtlicher Kontext

Das erste ökumenische Konzil war zwar eine Kirchenversammlung, aber sie wurde von Kaiser Konstantin einberufen. Warum?

Nachdem Konstantin (270/88–337 n. Chr.) im Westen des römischen Reiches 312 seinen Rivalen Maxentius (278–312 n. Chr.) in der Schlacht an der Milvischen Brücke besiegt hatte, konnte er seine alleinige Vorherrschaft durchsetzen – zumindest für den Westteil des Reiches. Denn das gesamte Reich musste er sich zu der Zeit noch mit Licinius (ca. 265–325 n. Chr.) und Maximinius Daia teilen. Maximinius Daia unterlag Licinius im Kampf um die Vorherrschaft im Osten und starb 312. Mit Licinius, der 313 eine Halbschwester Konstantins in Mailand geheiratet hatte, einigte sich Konstantin im selben Jahr auf die sogenannte ›Mailänder Vereinbarung‹ (fälschlicherweise oft als Toleranz-Edikt bezeichnet, gleichwohl es nicht reichsweit in Geltung stand), mit dem die Christenverfolgung endete.

Zwar machte diese Vereinbarung das Christentum noch nicht zur Staatsreligion, denn das erfolgte erst 380 unter Kaiser Theo-

[1] S. Adolf von Harnack, »Lehrbuch der Dogmengeschichte«, Bd. 2, Freiburg 1887, sowie Hans Lietzmann, »Geschichte der Alten Kirche«, 1932 ff.

dosius I. (347–395 n. Chr.), als es zu einer engen politischen Verbindung zwischen Kirche und Reich kam, die aber erst 150 Jahre später auch zu einem faktischen Verbot der heidnischen Kulte führte, doch gewährte diese Vereinbarung dem Christentum eine Atempause in den Verfolgungen, denn es nahm alle Unterdrückungsmaßnahmen zurück, stellte das Christentum anderen Kulten gleich, und verfügte die Rückerstattung bereits enteigneter christlicher Versammlungsstätten.

Doch mit der äußeren Ruhe konnten sich nun die inneren Verwerfungen im sich entwickelnden Christentum konturieren.

Nachdem sich Konstantin 324 n. Chr. auch die Vorherrschaft über das Ost-Reich mit einer letzten Schlacht gegen Licinius (Schlacht von Chrysopolis) gesichert hatte, kam die Bedrohung der von Konstantin angestrebten Reichseinheit nun ausgerechnet aus dem Raum der Kirche, denn dort stritten sich zwei große Parteiungen um das rechte Verständnis von Jesus Christus. Es war also nicht so, dass das Christentum durch seine Verbindung zur staatlichen Macht groß geworden wäre, sondern vielmehr war das eine Entwicklung, in der beide Seiten voneinander abhängig waren, denn immerhin sah Konstantin die Einheit seines Herrschaftsgebietes durch einen innerkirchlichen Streit gefährdet.

Welch' eine Dynamik muss das junge Christentum gehabt haben, dass sich ein Kaiser genötigt sieht, zu einer Kirchenversammlung einzuladen, um genau diesen Streit zu schlichten!

Konstantin lud also nach Nizäa (Nikaia – heute: Iznik in der Türkei), seiner Sommerresidenz in Bithynien, ein. Er hatte dabei vier Anliegen:

- die Beilegung des melitianischen Schismas[2] in Ägypten
- eine Einigung bzgl. des Ostertermins
- und die Klärung der Frage nach dem rechten Verständnis des Verhältnisses von Jesus Christus zu G'TT (arianischer Streit)
- abgeschlossen werden sollte dies alles durch die Feier der Vicennalien, des 20-jährigen Thronjubliäums Konstantins.

Erstmals in der Geschichte des jungen Christentums, das sich gestern noch durch die Herrschenden blutiger Verfolgung ausgesetzt sah, wurde nun den über 250 Teilnehmenden, davon überwiegend Bischöfe, ermöglicht, mit dem kaiserlichen Trans-

[2] Das melitianische Schisma geht zurück auf Meletios von Lykopolis, der gegen die während der Zeit der Christenverfolgung unter Diokletian (284–305 n. Chr.) abgefallenen Christen, den sogenannten lapsi, eine »Märtyrerkirche« der wahren Christen gründete und Askese und Mönchtum förderte.

portwesen, dem cursus publicus, der bis dahin eigentlich Militärs und Beamten vorbehalten war, zur Kirchenversammlung anzureisen. Der Theologe und Schriftsteller Eusebius von Cäsarea (260/64–339/40 n. Chr.) beschreibt in seiner Vita Constantini, wie die Bischöfe anlässlich des Empfangs durch das Spalier der kaiserlichen Garden hindurchzogen und keine Angst vor deren gezückten Schwertern haben mussten.

Größer hätte der Kontrast zur eben noch erlebten Verfolgung und das Erlebnis der eigenen Aufwertung nicht sein können!

War es bis dahin üblich, dass kirchliche Streitigkeiten durch Kirchenversammlungen vor Ort, die durch einen Bischof der Nachbardiözese geleitet wurden, geklärt oder wenigstens beigelegt wurden[3], so haben wir es bei Nizäa zum ersten Mal mit einer Kirchenversammlung zu tun, die sich nicht nur mit disziplinarischen Fragen auseinandersetzte, sondern dezidiert mit theologischen Inhalten beschäftigte.

Zur nizänischen Frage

Was war im 4. Jh. n. Chr. eine derart bedrängende theologische Frage, dass sie die gerade erst mühsam durch militärische Auseinandersetzungen errungene Reichseinheit gefährden konnte?

Ausgelöst wurde die Frage, die auf dem Konzil von Nizäa ihre erste gemeinsame Behandlung erfuhr, durch den Presbyter Arius aus Alexandrien (Ägypten).

Arius war unter der Beeinflussung der Melitianer, die ein besonders strenges und asketisches Christentum gegen die Christen in Stellung brachten, die sich während der diokletianischen Verfolgung (303 n. Chr.) als zu schwach erwiesen hatten, Presbyter (= Priester) geworden.

Seine eigene Auffassung, die ihn späterhin auch in Gegensatz zu den Melitianern bringen sollte, ist nur rudimentär überliefert. Im Wesentlichen rückt er wohl den logos (λόγος) von G'TTES Wesen (ὀυσία) ab. Er sieht im logos G'TTES Geschöpf. Der Menschgewordene ist wandelbar und leidensfähig, wird zwar G'TT genannt, ist es aber nicht in Wahrheit.

Diese Auffassung führt zu seiner Exkommunikation unter Bischof Petrus von Alexandrien († 311); er flieht zu Bischof Eusebius von Nikomedien († 341) und kann späterhin durch Vermittlung u. a. Eusebius' von Cäsarea († 339/40) wieder nach Alexandrien zurückkehren.

[3] Im Westen wie im Osten gab es seit Ende des 2. Jh. n. Chr. z. B. Auseinandersetzungen im Montanisten- u. Donatistenstreit; es gab Regionalsynoden z. B. in Antiochia, Karthargo, Arles, Rom u. an anderen Orten.

Zu diesem Zeitpunkt aber ist der Streit bereits in vollem Gange und dehnt sich zunehmend aus. Es gab zwei Pole (die Arianer auf der einen Seite – und die Alexandriner auf der anderen) sowie eine mittlere Position:

Arius, Lucian von Antiochia u. Eusebius von Nikomedien	**Eusebius von Cäsarea**	**Alexander u. Athanasius von Alexandrien**
klare Subordination des Sohnes unter dem Vater; der Sohn ist durch den Vater aus dem Nichts geschaffen und wandelbar	**geringe Subordination** des Sohnes unter dem Vater; der Sohn ist dem Vater logisch nachgeordnet	**Gleichrangigkeit von Vater und Sohn** (u. Hlg. Geist)

Wie heftig gestritten wurde, veranschaulicht ein Bericht des kappadokischen Theologen Gregor von Nyssa (335/40–394 n. Chr.), der beschreibt, dass jeder Ort in den Städten von theologisierendem Gerede gefüllt gewesen sei, sowohl die kleinen Gässchen, die breiten Straßen, Marktplätze und Wege, dass »darüber die Kleinhändler (reden), die Vorsteher der Wechselbanken und die Lebensmittelverkäufer. Wenn du im Laden fragst, wie viele Obolen es kostet, dogmatisiert der Verkäufer etwas über Gezeugtsein und Ungezeugtsein. Wenn du nach dem Preis des Brotes fragst, antwortet man dir, der Vater ist größer als der Sohn und der Sohn dem Vater untergeordnet.«[4] Und ein kirchengeschichtliches Aperçu erzählt, dass der Streit so heftig war, dass während der Synode Bischof Nikolaus von Myra († ~365) dem Arius eine Ohrfeige gegeben haben soll.

Es scheint also um Einiges gegangen zu sein. Warum wurde so heftig gerungen?

Wenn man, mit Arius, Jesus als erste Zeugung G'TTES versteht, die G'TT ganz und gar untergeordnet ist und die nur aus freiem Willen gut geblieben ist, dann stellt sich die Frage, wie uns dieser Jesus erlösen könnte, denn er ist nicht mehr als ein sehr guter Mensch – wenn auch der Beste.

Diese arianische Falle öffnet sich auch heute noch in den Ansätzen mancher vermeintlich moderner Theologien, die in Jesus von Nazareth lediglich ein ethisch nachzustrebendes Vorbild sehen.

4 Zitiert nach Jan Loffeld, »Welchen Jesus wir tatsächlich glauben« in: Herder Korrespondenz special 1/2025: Jesus gegen Christus. Neues vom Menschen aus Nazareth«, 11.

Und so weist das Konzil von Nizäa diese Lehre des Arius, dass der Sohn als Zeugung G'TTES einen zeitlichen Anfang gehabt hätte, zurück.

Zugleich aber bekräftig das Konzil auch ein Anliegen des Arius, nämlich das Bekenntnis zum *einen* G'TT. Arius und seine Anhänger hatten Jesus G'TT nachgeordnet, weil sie in einer Gleichordnung die Einheit G'TTES in Gefahr sahen und die Möglichkeit zur Vielgötterei (Polytheismus) eröffnet.

Mit dem Bekenntnis zum Monotheismus, zum *einen* G'TT, setzt sich das Konzil von Nizäa vom Polytheismus seiner antiken Umwelt ab und knüpft ans Judentum an.

Und zugleich ergänzt das Konzil dieses Bekenntnis um eine Aussage zum Sohn G'TTES. Diesen stellt es G'TT zur Seite, denn schon der Apostel Paulus hatte dem Bekenntnis zum *einen* G'TT (θεός) in 1. Kor 8,5–6[5] das Bekenntnis zum *einen* HERRN (κύριος) Jesus Christus zur Seite gestellt.

Die große Neuerung Nizäas besteht darin, dass die Einheit G'TTES als eine Einheit in *Beziehung* aufgefasst wird. Wie diese Beziehung nun genau zu verstehen ist, ob symmetrisch oder asymmetrisch lässt das Konzil bewusst offen, vielmehr umschreibt es diese Beziehung hymnisch und bringt damit zum Ausdruck, dass sich Beziehungen nie in festgefügte Formeln pressen lassen, sondern immer etwas Poetisches haben. Und so lautet die hymnische Beschreibung, die das Verhältnis von G'TT-Sohn zu G'TT-Vater besingt:

- *er sei aus dem Wesen des Vaters*
- *er sei G'TT von G'TT*
- *Licht von Licht*
- *wahrer G'TT aus wahrem G'TT*
- *gezeugt, nicht geschaffen*
- *wesensgleich (*ὁμοούσιος*) dem Vater.*

Denn wäre der Sohn dem Vater »*wesensfremd*« oder »*unähnlich*«, wie Arius lehrte, dann bliebe G'TT nicht nur dem Sohn sondern letztlich auch uns Menschen unbekannt, und wir könnten keine Beziehung zu ihm aufnehmen.

Bischof Athanasius von Alexandrien (†373) führt als Belege für diese Wesensgleicheit von Vater und Sohn folgende biblischen Worte an:

[5] *»Und obwohl es solche gibt, die Götter genannt werden, es sei im Himmel oder auf Erden, wie es ja viele Götter und viele Herren gibt, so haben wir doch nur* einen *G'TT, den Vater, von dem alle Dinge sind und wir zu ihm; und* einen Herrn, *Jesus Christus, durch den alle Dinge sind und wir durch ihn.«* (1. Kor 8,5–6)

Foto: Rolf Gerlach

- »*Wer mich sieht, der sieht den Vater.*« (Joh 14,9)
- »*Ich und der Vater sind eins.*« (Joh 10,30)
- »*Er ist das Ebenbild des unsichtbaren G'TTES.*« (Kol 1,15)

Diese Formulierungen fließen in das Symbolum Nizänum ein, das mehr als ein Glaubensbekenntnis ist; es ist ein lehrhaftes und erklärendes Bekenntnis, das auch Verwerfungen (Anathema) kennt, nämlich die Verwerfung der Lehre des Arius, dass der Sohn als Zeugung G'TTES einen zeitlichen Anfang gehabt hätte.

Neben aller hymnischen Verehrung des Verhältnisses von G'TT-Sohn zu G'TT-Vater wird in das Symbolum Nizänum auch ein nicht-biblischer Begriff eingeführt, und zwar der Begriff des homoousios (ὁμοούσιος), der Wesensgleichheit von G'TT-Vater und G'TT-Sohn.

Dieser Begriff soll von Kaiser Konstantin selbst eingeführt worden sein.

Und es wird Bischof Athanasius von Alexandrien sein, der diesen Begriff zum ›articulus stantis et cadentis ecclesiae‹ (Artikel, mit dem die Kirche steht oder fällt) machen wird.

Durch seine starke Akzentuierung wird dieser Begriff in der Folgezeit 381 n. Chr. auf dem Konzil von Konstantinopel im Blick auf den Heiligen Geist zunächst bedacht und dann 451 n. Chr. auf dem Konzil von Chalcedon schlussendlich auch auf den Heiligen Geist übertragen.

Lehrt Nizäa, dass zwischen G'TT-Vater und G'TT-Sohn eine Beziehung ist, so lehrt Chalcedon, dass zwischen G'TT-Sohn und uns Menschen eine Beziehung ist.

Als das Konzil von Nizäa endete und in die Feierlichkeiten des 20-jährigen Thronjubiläums Kaisers Konstantins überging, begriff noch niemand, wie epochal diese erste ökumenische Kirchenversammlung gewesen war. Natürlich gingen die Streitereien unterschwellig weiter, so dass 381 n. Chr. ein regelrechtes Bekenntnis formuliert wurde: das Nizäno-Konstantinopolitanum, das wir heute, übrigens als einziges ökumenisches Glaubensbekenntnis, mit Christen aller Konfessionen in unseren Gottesdiensten sprechen.

Aber es gab schon kein Zurück mehr: Das Verhältnis G'TTES zum Mensch ist durch den wahren G'TT und wahren Menschen Jesus Christus so neu bestimmt worden, wie es zuvor zu keiner Zeit je formuliert worden ist. Und es hebt in der Folge den Menschen in eine Würde, die grundlegend für unser westliches Menschenbild geworden ist.

In diesem Zusammenhang ist besonders erwähnenswert, dass der damalige Bischof von Rom Silvester I. (314–335 n. Chr.) nicht an der Versammlung in Nizäa teilgenommen hat, weil schon zur damaligen Zeit der Bischof von Rom nur an Versammlungen teilnahm, die er selbst einberufen hatte. Somit wurde die Versammlung von Nizäa ein vorwiegend ostkirchliches Ereignis. Der Westen wurde durch Abgesandte des Papstes, durch Bischof Ossius von Cordoba (297–357/58 n. Chr.) und einen weiteren Legaten vertreten.

Darüber hinaus hat das Konzil von Nizäa eine Vielzahl von Canones erlassen, die das kirchliche Leben regeln sollten, weshalb man mit Nizäa den Beginn des Kirchenrechtes reklamieren kann.

Auch der Ostertermin wurde geregelt, nämlich dass es der erste Sonntag nach dem Frühlingsäquinoktikum sein sollte, was wiederum die Kirche vom Judentum absetzte, denn bis zu Nizäa hatte man den Ostertermin auf das jüdische Pessach-Fest gelegt. Aber es ist kein Dekret über die Festlegung des Ostertermins erhalten, weshalb sich derzeit Papst Leo XIV. – wie schon seine Vorgänger – um ein Einvernehmen mit den orthodoxen Kirchen im Ostertermin bemüht, weil ein gemeinsamer Ostertermin auf dem Weg zur vollen Kirchengemeinschaft unabdingbar ist.

Nizäa ist kein Ereignis der Vergangenheit. Es wirkt bis heute fort und stellt einen Wendepunkt im Verhältnis von G'TT und Mensch dar, so dass es kulturbildende Kraft entwickeln konnte. Wir erinnern uns zu Recht an dieses große Ereignis unserer Kirchengeschichte.

Petra Reitz ist Pfarrerin in Schleiden-Olef und gehört zur Gemeinschaft Sankt Michael.

Das Triptychon von Kain und Abel in Marzabotto

Mit freundlicher Genehmigung des Autors Josua Boesch

von Bruno Dörig

Indem Josua Boesch das Gemeindehaus von Marzabotto auswählte, um seinem Triptychon von Kain und Abel eine bleibende Stätte zu geben, wollte er seine Übereinstimmung mit dem Bemühen unserer Gemeinde ausdrücken, den Menschen durch Auflösen seiner Nöte, Ängste und Unwissenheiten von jeglicher Form von Aggression zu befreien.

»Der Künstler ist eigentlich Bruder Feuer«

»Der Künstler ist eigentlich Bruder Feuer«, sagt er. Feuer, brennend wie jenes Wort, das Herz und Gemüt des Mannes von Porziunkola durchglühte. Feuer, mit dem Tubalkain, der Nachkomme Kains, Kupfer und Eisen formte. Feuer, der Gefährte jedes Schmiedes in den dunkelsten Stunden im Kampf um die Freiheit, schrieb ein großer Italiener in Bezug auf das, was wir sein und werden können »Wir sind die Schmiede unserer selbst«, die Schmiede unseres Lebens und unseres Schicksals.

Die menschlichen Geschöpfe, von Natur aus sozial, sind geboren, um gemeinsam zu leben und um einer zum Wohl des andern zu arbeiten, über alle Trennungen der Rasse, Sprache und Religion hinweg. Das ist heute umso wahrer, als wir in einer Epoche leben, in der wir sogar imstande sind, den Faden der Geschichte zu durchschneiden. »Wir sind die Schmiede unserer selbst«, um zu begreifen, dass die Nuklearschwelle – indem sie den Grat zwischen Leben und Tod sichtbar macht, auf den hin sich die Menschheit bewegt – der Ort eines eigentlichen Mutationssprunges ist.

Der Friede, der keine Alternative kennt, ist freie Wahl des Gewissens. Er ist das Problem, das alle andern Probleme bedingt. Die Erziehung zum Frieden muss ihren besten Nährboden in Schule und Familie haben, denn sie geht aus vom Denken, um von da aus Herz und Leben zu erreichen.

Der brüderliche Mensch hat deshalb die Pflicht, sein Bestes zu geben, um durch das Gespräch die geografischen Grenzen zu überwinden, die Schlösser der Ideologien niederzureißen, überall zu pflügen und zu graben, denn nach Frieden hungert und dürstet die ganze Menschheit.

Dante Cruicchi

Einführungsmeditation des Künstlers

Wir müssen die Geschichte von Kain und Abel noch einmal schreiben. Völlig neu. Anders. Von vorne. Wir dürfen ihrem Lebensstil nicht mehr folgen und die Probleme zwischen Starken und Schwachen, Großen und Kleinen, Mächtigen und Ohnmächtigen nicht mehr lösen wie sie. Wir können nicht mehr einfach fortfahren wie sie. Fünf Millionen Jahre Brudermord, nur um zu überleben, genügen wahrhaftig. Es reicht mit den Opfern von tausenden von Generationen. Oder sind wir etwa nicht am äußersten Punkt des Brudermordes angelangt, im Augenblick des möglichen Selbstmordes der Menschheit? Aber wer kann ihn verhindern? Wer kann die Geschichte von Kain und Abel neu schreiben?

Der versöhnte Mensch. Nur er kann es. Aber wer ist dieser Mensch? Es ist der neue Kain und der neue Abel. Es ist der Mensch, der in sich selber seine Kainseite und seine Abelseite miteinander versöhnt hat. Der Frieden gefunden hat mit seiner gewalttätigen und seiner gewaltlosen Seite. Es ist der aufrechte Mensch, der nicht mehr Angst hat vor dem Unterdrücker, und der auch nicht mehr nötig hat andere zu unterdrücken. Es ist der Freie von jeder anderen Meinung, von Schablonen und Ideologien, Vorurteilen und Ansprüchen. Der verantwortliche und dialogische Mensch. Der brüderliche Mensch.

Der versöhnte Mensch. Nur er kann es. Aber wer ist dieser Mensch? Es ist der neue Kain und der neue Abel.

Wo findet man diesen Menschen? Die ganze Menschheit sucht ihn. Die ganze Schöpfung, der ganze Kosmos seufzt nach ihm. Die Existenz aller hängt von ihm ab. Nichts ist, das ihn nicht erwartet. Wie gut, dass er schon im Entstehen ist. Überall. In allen Teilen der Welt. Auch in Dir, der Du Dich hier in Marzabotto befindest. Spürst Du's und siehst Du's nicht? Wenn unter der Asche Deiner Enttäuschung noch ein Funke Hoffnung ist, dann verweile einen Augenblick vor diesen Ikonen im Gemeindehaus von Marzabotto, wenn Du die Treppe hinauf- oder hinuntersteigst. Das »Tripthychon von Kain und Abel« wird Dir den Weg der Entstehung des neuen, versöhnten und brüderlichen Menschen transparent machen.

I. Die erste Seitenikone (links):

Der Schrei des Kain und des Abel

Unser Entstehungsweg beginnt mit den Geburtswehen des neuen Kain und des neuen Abel. Mit dem Schrei des Gebärenden. Mit dem Schrei des alten Abel, der den neuen gebären muss. Abel schreit als gekreuzigtes Opfer auf dem Altar des Bruders: »Ich will nicht mehr als Opfer meines Bruders leben! Ich kann nicht mehr! All mein Opfern bringt meinem Bruder ja doch nie Frieden! Es ist genug, Herr! Es ist wirklich genug! Ich will ein anderer werden! Ein neuer Abel! Aber wie mach' ich das, Herr?« Aber auch Kain schreit in Geburtswehen: »Ich will meinen Bruder nicht mehr umbringen! Es ist genug der Gewalttätigkeit, Herr! Ich kann nicht mehr! Töten hilft ja doch nichts, um die Eifersucht und den Hass zu stillen! Aber auch ich will bei Deiner Liebe ankommen wie er! Wie aber mach' ich das, Herr? Ich will ein anderer werden! Der, den Du von allem Anfang an geschaut und gemeint hast. Dieser ganz andere!« So steigt die dunkle Flamme ihres Schreis zum Himmel. Dort erscheint in einer Schale das Zeichen Gottes, das »Tau«, Gottes eigenes Kreuz. Wie, Gottes eigenes Kreuz? Ja, das Symbol seiner Leiden am Drama der getrennten Brüder, seiner Suche nach einem wirklichen Ausweg aus ihrem Drama. Denn das »Tau« als Schutzzeichen auf Kains Stirn genügte ja nicht zur Heilung des Schadens. Darum steigt Gott selber mit der Schale voll Licht hinunter in den Abgrund des Dramas, um die Brüder zu versöhnen mit sich und miteinander.

II. Die zweite Seitenikone (rechts):
Die Versöhnung der Brüder
Im Abgrund der Gewalt und des Martyriums nimmt Gott selber die Gestalt des »Tau« an. In der Kreuzform solidarisiert sich Gott mit dem Kreuz des Menschen, vereint er sein Leiden mit dem Leiden Kains und dem Leiden Abels. Beide Kreuze »werden ein Leib«. So zeugt Gott den »neuen Adam«, den neuen Menschen, den neuen Kain und den neuen Abel. An der Seite der himmlischen Schale ist bis in den Abgrund auch der auferstandene Christus gestiegen, und neigt sich vor dem Geheimnis der gottmenschlichen Einswerdung. In der Tat, jener Jesus von Nazareth, Zimmermann und Rabbi, war der neue Mensch, der erste neue Kain und der erste neue Abel. Nach fünf Millionen Jahren menschlicher Evolution war er der große Mutationssprung in der Menschheit. Begabt mit größten Kräften und Fähigkeiten tat er doch niemandem Gewalt an und beugte er nie jemanden unter seine Füße, weder kleine noch große, weder starke noch schwache. Um alle kümmerte er sich wie um Brüder, um den Fischer wie um den Zöllner, um den Pharisäer wie um die Prostituierte, um den Glaubenden wie um den Nichtglaubenden, um den Juden wie um den Ausländer. Er sagte nie mehr wie der alte Kain: »Soll ich denn meines Bruders Hüter sein?« Er war aller Bruder. Bruder des Reichen wie des Armen, Bruder der Frau wie des Mannes, aber ganz besonders Bruder der Außenseiter und der Unterdrückten. Er war der Kain, frei von jeder Form von Macht und wurde so ihr Befreier. Und gleichzeitig war er auch der neue Abel: der aufrechte Mensch, der sich nicht beugte unter das Joch eines anderen, weder unter seine Meinung noch unter sein Urteil. Er war völlig auf- und ausgerichtet in der

In der Kreuzform solidarisiert sich Gott mit dem Kreuz des Menschen, vereint er sein Leiden mit dem Leiden Kains und dem Leiden Abels.

Vertikalen, nach Gott und nach seinem Reich, in seinen Armen aber in der Horizontalen ausgespannt zu jedem Nächsten. Sein Inneres und sein Äußeres hatte die aufrechte Gestalt des Kreuzes. Sogar im Tode: ungebeugter Märtyrer und gewaltloser Mächtiger, stark in der Liebe und im Vergeben. Deshalb ist er es, der hier als Auferstandener im Abgrund der Verwandlung bei seinen Brüdern steht und sie tauft mit dem Heiligen Geist, dem Friedensstifter und Erneuerer. Dessen Flamme der Verwandlung steigt aus der Hand des Auferstandenen in einem Regenbogen zu den versöhnten Brüdern und senkt sich in ihre Hand. Und jetzt sind es drei Flammen, Symbol einer globalwerdenden Gemeinschaft und Brüderlichkeit. Symbol einer »Einheit in Verschiedenheit«, einer »Würde in Verantwortlichkeit«, für alle Völker, Rassen und Klassen, für alle Kirchen und Religionen. Nur Symbol? Symbol ist ein griechisches Wort, das »Zusammentreffen« bedeutet und zwar als neuschaffende Realität. Kann man in Marzabotto dieses neuschaffende Zusammentreffen nicht spüren? Ich habe drei Jahre mit diesen beiden Ikonen gelebt, sie allein, mit einzelnen oder mit Gruppen meditiert. Es wäre mir nie in den Sinn gekommen, dass sie nicht komplett wären. Aber ganz still, in der Weihnachtsnacht 1983, ist eine dritte geboren, die der Mitte. Aus dem »Diptychon« ist unerwartet ein »Triptychon« geworden.

Deshalb ist er es, der hier als Auferstandener im Abgrund der Verwandlung bei seinen Brüdern steht und sie tauft mit dem Heiligen Geist, dem Friedensstifter und Erneuerer.

III. Die Ikone der Mitte:
Das gemeinsame Opfer

Hier gibt es keinen Altar mehr außer dem ganzen Globus. Der Abgrund hat sich in einen Kelch verwandelt. Die beiden Brüder zelebrieren nicht mehr vor getrennten Altären und getrennten Kelchen. Es vereint sie ein einziger Altar, ein einziger Kelch und ein einziges Brot. Die Hostie ist nicht mehr gebrochen sondern wiedervereint, zur Ganzheit verschmolzen mit Gold, dem Symbol der Gegenwart Gottes. Sie ist auch nicht mehr in der Hand des Menschen, weder in der des Abel noch in der des Kain. Sie schwebt unverfügbar im Innern des Kelches der Welt. Sind es wohl Tränen Gottes die aus ihr fließen? Tränen der Freude über die wiedergefundene Einheit im gemeinsamen Dankopfer? Hast Du auch gesehen wie die beiden Gestalten jetzt transparent sind von innen heraus? Das kommt von ihrem unzerstörbaren Frieden. »Friede kann nie zerstört werden, Unfriede schon«, sagte Niklaus von Flüe, der Schweizer Heilige. Und jetzt sind die zwei neugewordenen Brüder ummantelt von einem »Tau«. Das Kreuz Gottes verlässt sie nicht mehr. Aber jetzt ist »ihr Kreuz« leicht geworden. Es hat eben seine Form aus drei geometrischen Parabeln, die aus dem Unendlichen kommen und wieder ins Unendliche gehen. Die

Brüder scheinen zu tanzen, denn jetzt gibt es keine Diplomatie mehr zwischen ihnen nur noch Transparenz, keinen Kampf mehr wohl aber Fest. Sie feiern den Frieden. Ist sie eine Illusion diese Ikone? Hast Du gesehen, wie Licht hineinfällt in den mit Finsternis gefüllten Kelch? Und wie sich die finstern Flecken langsam in einen Lebensbaum verwandeln? Unter seinem Schatten werden sie alle einmal ruhen, die Abgekämpften und Erschöpften, Italiener und Deutsche, Russen und Amerikaner, Katholiken und Protestanten, Mohammedaner und Christen, Buddhisten und Hindu, weiße und schwarze, reiche und arme. Was für eine Parabel, was für ein Gleichnis sich da zu realisieren beginnt!

Was für eine Parabel, was für ein Gleichnis sich da zu realisieren beginnt!

Marzabotto ist eine etruskische Siedlung. Die Etrusker waren hervorragende und berühmte Eisenschmiede und Waffenschmiede, Bronzegießer und Städtebauer. Diese Künste schreibt die Bibel Kain zu und seinen Nachkommen. Und ausgerechnet die Bewohner dieser Stadt wurden das Opfer des Kain. Märtyrer wie Abel. Kain kann wirklich auf einmal zu Abel werden und Abel zu Kain, denn die beiden sind Archetypen in jedem Mensch. Deshalb können wir heute niemanden mehr bloß auf Kain oder auf Abel fixieren. Beide sind in uns. Es genügt schon ein Ereignis in der Familie, im sozialen oder politischen Bereich, um den einen oder anderen zur dominanten Figur zu machen im Einzelnen oder im Kollektiv. Wir müssen uns also zuerst mit uns selbst versöhnen, um aus dem Zyklus »Unterdrücker/Unterdrückte« herauszukommen. Oder besser: Wir müssen hellhörig werden gegenüber dem Entstehungsprozess des versöhnten, aufrechten, geeinten und brüderlichen Menschen, wie er sich in der heutigen Umbruchzeit entwickelt, und ihn in uns empfangen lernen. Werden wir bereit sein dazu und die sich langsam aber beharrlich realisierende und uns verwandelnde Utopie nicht von der Tür weisen? Oder werden wir die Opfer der Märtyrer dieser Stadt und an andern Orten in der Welt für eitel und fruchtlos erklären?

Ich möchte mit zwei kleinen Bemerkungen schließen. Die eine: Diese drei Ikonen sind nicht bemalt. Sie sind aus Metall und der Künstler ist eigentlich das Feuer. Vier Metalle haben sich im Feuer vereint: Kupfer, Messing, Silber und Gold. Zwei kostbare und zwei gewöhnliche Metalle. Aber hier drängt sich das Gold nicht mehr auf und unterdrückt keines der andern. Es hat sich im Feuer völlig entspannt und sich aller Vorurteile und Anmaßungen entledigt. Aus Liebe zu einer bisher nie gekannten Einheit hat es seinen Handelswert aufgegeben und verloren, um die ärmeren Metalle zum Blühen und zu überraschender Schönheit zu bringen. Welch ein Geheimnis! Und welch ein Gleichnis für die Teilnahme Gottes an unserem Verwandlungsprozess!

Die andere Bemerkung: Es ist wahr, auch ich habe als Künstler mitgearbeitet mit »Bruder Feuer«. Und er hat mich nicht außerhalb des Verwandlungsprozesses gelassen. Ich bin ein anderer geworden. Es hat sich vieles geändert. Mein manifester Abel hat sich versöhnt und vereint mit meinem latenten Kain, der Theologe mit dem Künstler, meine männliche Komponente mit der weiblichen. Ich fühle mich ganz. Es hat sich wirklich vieles geändert. Nach dreißig Jahren Pfarrdienst in der deutschsprachigen Schweiz, in der reformierten Kirche von Zürich, lebe ich jetzt in Italien, in der katholischen und eremitischen Ordensgemeinschaft von Camaldoli. Ich hoffe, es sei ein kleines Zeichen der Versöhnung und der Hoffnung, und ein Beitrag zur Einheit der jetzt noch getrennten Kirchen. Ich mache mir keine Illusionen. Der Verwandlungsprozess wird weitergehen und ich werde nicht wieder dahinter zurückgehen können. Es ist zu schön, was das Feuer der Liebe geschaffen hat. Ich kann es nicht mehr vergessen.

Mein manifester Abel hat sich versöhnt und vereint mit meinem latenten Kain, der Theologe mit dem Künstler, meine männliche Komponente mit der weiblichen.

Camaldoli, im Herbst 1985
Josua Boesch

Die Verbindung zwischen dem Berneuchener Dienst und Josua Boesch

von Sabine Bayreuther

Die Ausgabe 3/2025 des Quatember trug die Überschrift »Transparenz« und war zum großen Teil dem Werk und Wirken des Schweizer Theologen und Ikonographen Josua Boesch gewidmet. Zwischen Josua Boesch und dem Berneuchener Dienst besteht eine inhaltliche und eine historische Verbindung.

Motivation für die Meditation von Ikonen ist die bereits 1926 im Berneuchener Buch festgehaltene, die Berneuchener Bewegung prägende Erkenntnis, dass der Glaube der Form bedarf.

Zu den in den Berneuchener Kreisen praktizierten geistlichen Übungen gehört auch die Beschäftigung mit Ikonen. Motivation für die Meditation von Ikonen ist die bereits 1926 im Berneuchener Buch festgehaltene, die Berneuchener Bewegung prägende Erkenntnis, dass der Glaube der Form bedarf. Diese Form – auch die materialisierte oder leiblich dargestellte Form – kann »zum durchscheinenden Symbol der Wahrheit«[1] werden. Das bedeutet, dass gläubigen Menschen scheinbar äußerliche Formen durch Einübung und Verinnerlichung transparent werden können für Gottes Wirklichkeit – sei es im Betrachten oder im Schaffen dieser Formen.[2] Was im Berneuchener Buch abstrakt als »Form« beschrieben wird, kann Unterschiedliches meinen: liturgische Vollzüge, Worte der heiligen Schrift, leiblich vollzogene Gebärden, Begegnungen zwischen Glaubensgeschwistern oder auch Ikonen und vieles mehr.

Die Suche nach geeigneten Formen für den Ausdruck des Glaubens begleitet die Berneuchener Bewegung von Anfang an. Charakteristisch ist hierbei, dass die Suche dieser ursprünglich im Protestantismus beheimateten Bewegung von Anfang an in ökumenischer Weite Impulse aus anderen Konfessionen, teilweise auch aus anderen Religionen, aufgenommen hat.

Josua Boeschs geistliche und theologische Quelle war nicht das Berneuchener Erbe. Aus anderen geistlichen Quellen gespeist, suchte auch er nach einer Gestalt des Glaubens, die weniger dem Wort und dem Intellekt verpflichtet war, als vielmehr der Leiblichkeit und der Sinnenfreudigkeit. Auch ihm ging es nicht um die Form um der Form willen, sondern er war auf der Suche

1 Berneuchener Konferenz (Hg.), Das Berneuchener Buch. Vom Anspruch des Evangeliums auf die Kirchen der Reformation, Darmstadt 1978, 102.

2 Vgl. a. a. O., 103.

Foto: Rolf Gerlach

danach, wie er der Gottesbeziehung, der »Theophilie«[3], auf angemessene Weise eine Gestalt geben kann. Als gelerntem und begabtem Goldschmied war ihm die Gabe geschenkt, seine geistliche Suche und seine geistlichen Erfahrungen in metallenen Formen auszudrücken. Als Theologe, der er zugleich war, hat er das subjektive Moment der geistlichen Erfahrung dem Läuterungsprozess der theologischen Reflexion unterzogen; zuweilen liefen die geistliche und die künstlerisch-handwerkliche Reflexion der Erlebnisse und Erkenntnisse ineinander. Das Moment der Unverfügbarkeit, ob ein Werk gelingt – sowohl in handwerklicher als auch in geistlicher Hinsicht –, ist in seinen Arbeiten besonders offensichtlich: Für die Bearbeitung mussten alle Werkstücke durchs Feuer gehen und nicht alle sind heil daraus hervorgegangen.

Für die Bilder, die daraus heil hervorgegangen sind, fand ein orthodoxer Theologe die Bezeichnung Ikonen. Auch für Boeschs Ikonen gilt, dass sie Fenster zur göttlichen Wirklichkeit sind. In seinem eigenen Leben, für das er in der Lebensmitte den Weg einer verbindlichen Hingabe an Gott gewählt hat, sein Pfarramt aufgegeben und fortan monastisch gelebt hat, ist Josua Boesch noch einen Schritt weiter gegangen: Nicht nur die geschaffenen Ikonen sind transparent für die göttliche Wirklichkeit, auch wir Menschen können zu Ikonen werden, d. h. transparent für das göttliche Geheimnis.

Nicht nur die geschaffenen Ikonen sind transparent für die göttliche Wirklichkeit, auch wir Menschen können zu Ikonen werden, d. h. transparent für das göttliche Geheimnis.

Diese vielen gemeinsamen Anliegen von Josua Boesch und dem Berneuchener Dienst dürften es ermöglicht haben, dass es zwischen seinem Werk und unserer Gemeinschaft zu einem Resonanzereignis gekommen ist, das weiter anhält und das seine physische Erscheinung in der Form unseres Zeichens hat.

Dass Josua Boeschs Ikonen für das geistliche Leben im Berneuchener Dienst eine wichtige Rolle spielen, haben wir unserer langjährigen geistlichen Leiterin Suse Rieber (1937–2024) zu verdanken. Bereits in den 1980er Jahren wurde ihr von Sabine Deist (1921–2012), einem wenig bekannten Mitglied des Berneuchener Dienstes, ein Leporello von Josua Boeschs Auferstehungsweg geschenkt. Daraufhin hat Suse Rieber die Bilder und die dazugehörigen Texte meditiert. Im Lauf der Zeit kamen weitere Bilder und Schriften Josua Boeschs hinzu.

Als der Berneuchener Dienst auf der Suche nach einem eigenen Zeichen war, ist Suse Rieber dieses in der zweiten Station des Auf-

---

[3] In mehreren Tagebucheintragen beschäftigt sich Josua Boesch mit seiner Existenz als »Theophil«, als gottgeliebtem und Gott liebendem Menschen, z. B. am 27. Januar 1970, 30. April 1971, 21. Juli 1073 und öfter. Vgl. Josua Boesch, Morgendämmerung. Tagebuch einer Wandlung, Oberegg 1999.

erstehungsweges begegnet. Im Zentrum der Ikone erkennt man die Taube, für Suse Rieber »[...] Botin zwischen den zwei Welten; sie erinnert an das Zusammengehören und die Bezogenheit der beiden Welten zum Ganzen des von Gott geschaffenen Kosmos [...]«.[4] Zugleich erinnert uns die Taube an unsere Taufe und damit an unsere Berufung: Wie wurden wir von Gott angerufen und wie hat er unseren Weg bis jetzt geführt?

Bevor aus dem zentralen Motiv von Josua Boeschs Ikone »Berufen« das Zeichen des Berneuchener Dienstes wurde, sind sich Suse Rieber und Josua Boesch auf dem Sonnenhof in Gelterkinden/CH begegnet und haben die urheberrechtliche Seite miteinander besprochen.

Später, viele Jahre nach der Einführung des Zeichens, wurde der Auferstehungsweg allen Mitgliedern des BD zugänglich gemacht. Über zwei Jahre (2010/2011) war die Gemeinschaft aufgefordert, den Auferstehungsweg zu meditieren. Hierfür wurden in den Mitteilungsheften Nr. 75 bis Nr. 78 alle acht Ikonen farbig abgedruckt, zusammen mit Auszügen aus Josua Boeschs Texten zum Auferstehungsweg und den Tagesliturgien. Auch im Berneuchener Haus Kloster Kirchberg wurden auf Suse Riebers Anregung nach und nach die Zimmer mit Abbildungen der Friedensikone von Josua Boesch ausgestattet. Dass der Nachdruck sowohl des Auferstehungsweges als auch der anderen Ikonen rechtlich möglich war, ist einer großzügigen Sondervereinbarung zwischen Bruno Dörig, dem langjährigen Verleger der Werke Josua Boeschs, und Suse Rieber zu verdanken.

Im Frühsommer 2020 hätte bereits die Wanderausstellung mit Ikonen von Josua Boesch auf den Kirchberg kommen sollen. Alles war vorbereitet. Wegen der pandemiebedingten Maßnahmen, wie temporäre Schließung von Tagungshäusern und innereuropäischen Grenzen, musste die Ausstellung damals abgesagt werden. Im Frühjahr 2025 konnte die Ausstellung dann endlich kommen. Damit ging ein Herzensanliegen von Suse Rieber in Erfüllung – leider erst fünf Monate nach ihrem Tod.

Wie groß die Geistesverwandtschaft zwischen Josua Boesch und den Anliegen der Berneuchener Bewegung ist, wurde vielfach während der Ausstellung und der die Ausstellung begleitenden Wochenendtagung deutlich. Die Ikonen wurden vielen zu durchscheinenden Symbolen der Wahrheit. Menschen wurden Fenster zur göttlichen Wirklichkeit aufgetan, die sie tief in ihrem Innersten berührt hat.

---

[4] S. Mitteilungen des Berneuchener Dienstes Nr. 55 (1997), 8.

»Ganz gegenwärtig möchte ich sein unter denen, die mir heute begegnen, und ganz transparent für den, der uns auferstanden begleitet.«

Neben der gemeinsamen Erkenntnis, dass der Glaube der Form bedarf, der ökumenischen Weite und dem Zeichen des Berneuchener Dienstes auf der Grundlage der Ikone »Berufen« aus Josua Boeschs Auferstehungsweg, verbindet uns auch die Suche nach einer österlichen Theologie. In der Tagesliturgie des Auferstehungsweges für den Montag, an dem die Ikone »Berufen« meditiert wird, heißt es: »Ganz gegenwärtig möchte ich sein unter denen, die mir heute begegnen, und ganz transparent für den, der uns auferstanden begleitet.«

Innerhalb der Berneuchener Bewegung geht der Berneuchener Dienst durch den Bezug zu Josua Boeschs Werk einen eigenen Weg, der aber schon lang ausstrahlt über den Berneuchener Dienst hinaus.

Dr. Sabine Bayreuther ist evangelische Pfarrerin und Schuldekanin im Kirchenbezirk Neckar-Bergstraße bei Heidelberg. Zugleich ist sie die geistliche Leiterin und Vorsitzende des Berneuchener Dienstes.

Predigt am Ostermontag 2025 im Alten Dom St. Johannis

im Rahmen einer Ökumenischen Vesper zur Verabschiedung von Pfarrer Volker Truschel in den Ruhestand

von Franz-Rudolf Weinert

Liebe Schwestern und Brüder, lieber Volker,
die Abend-Lesung (Apostelgeschichte 2,22–32), die Pfarrer Truschel ausgewählt hat, wurde auch heute in der katholischen Leseordnung der Messfeier weltweit verkündet. Die Perikope bekommt am heutigen Sterbetag von Papst Franziskus (21.4.2025) noch einmal eine ganz besondere Bedeutung.

Von Petrus wird berichtet, dass er am Fest des Heiligen Geistes, am ersten Pfingsten, mutig vor die Menschen tritt und mittels eines Psalms, Psalm 16, von der Auferstehung Christi predigt.

Petrus setzt die Worte des alttestamentlichen Dichters, der seine Zuversicht auf Gott, die Quelle des Lebens gründet, mit seinem und unserem Herrn Jesus Christus in Verbindung; mehr noch, Petrus legt den Psalm Jesus, dem Auferstandenen, in den Mund!

Das ist schon faszinierend, diese christliche Deutung eines alttestamentlichen Psalmes, wie es Christen von Anfang an getan haben und bis heute tun.

Das ist schon faszinierend, diese christliche Deutung eines alttestamentlichen Psalmes, wie es Christen von Anfang an getan haben und bis heute tun.

Wie kommt Petrus dazu, einen Psalm für seine Pfingstpredigt heranzuziehen? Sicher war es ihm vom Geist Gottes an diesem Tag eingegeben; zugleich wird er sich an die Worte des Auferstandenen erinnert haben, die der Herr, den Jüngern von Emmaus gesagt hatte, und von denen wusste es Petrus: »*alles muss in Erfüllung gehen, was im Gesetz, in den Propheten und Psalmen über mich geschrieben steht*« (Lukasevangelium 24,44).

Psalm 16 erinnert Petrus an das Geschick Jesu; er war ihm vertraut und er hört geradezu in diesem Psalm Jesus seinen Herrn sprechen, wenn es da heißt: »*ich hatte den Herrn meinen Gott beständig vor Augen, es steht mir zur Rechten, ich wanke nicht*« (Vers 25).

Petrus ist überzeugt: An seinem Herrn haben sich diese Worte des Psalms wortwörtlich erfüllt. Christus weiß, dass sein verwundeter und zerschlagener, zwischen Himmel und Erde aufgehängter Leib in Sicherheit sein wird: »*auch mein Leib wird wohnen in Sicherheit/Hoffnung*« (Vers 26). Oder: »*Du gibst mich nicht der Unterwelt preis, du lässt deinen Frommen die Verwesung nicht schauen*« (Vers 27).

Nicht nur Petrus, auch Paulus (vgl. Apostelgeschichte 13,35–37) und alle Kirchenväter haben diesen Psalm 16 so interpretiert, als »vox Christi ad Patrem«, als die Stimme Christi, die zum Vater spricht.

Schwestern und Brüder, diesen Osterpsalm betet nicht nur das Haupt Christus, sondern der ganze mystische Leib, auch wir, seine Glieder.

Der Psalm ist in christlicher Relecture nach Augustinus auch die Stimme des ganzen Christus, »totius Christi corporis et membra«, des Hauptes und der Glieder[1].

Und so dürfen wir im Blick auf den Leib, den Gott uns gegeben hat, den Leib, den auch Papst Franziskus bei seiner Zeugung und Geburt empfangen hat, von dem dürfen wir hoffnungsvoll sagen: *»darum freut sich mein Herz und frohlockt meine Seele, auch mein Leib wird wohnen in Sicherheit«.*

Ich zitiere den Theologen und Jesuiten Peter Lippert:

> *»Das ist ja die Botschaft von Ostern: Jesus, der Gekreuzigte, erstand am dritten Tage, auch dem Leibe nach von den Toten. Die Osterbotschaft bedeutet also viel mehr als bloß eine Bestätigung der Unsterblichkeit der Seele. Dass die Seele des Menschen nicht im Tode vergeht, dass sie nach dem Tod des Leibes weiterlebt in Gott, in einem besseren, in einem wahren Leben, wie sie es vorher nicht haben konnte, das ist eine uralte Kenntnis und Gewissheit. Aber, dass diese fortlebende Seele auch wieder ein leibliches Leben gewinnt, dass der Tod also wirklich nur eine vorübergehende Episode bedeutet, eine kleine Weile der Unterbrechung, in der das leibliche Leben für eine Zeit lang aussetzt, das ist das große und neue und wunderbare der Osterbotschaft. Einer von uns, freilich der beste und Gottnächste der ganz in Gott verbundene Mensch hat schon am dritten Tag sein leibliches Leben in unbeschreiblicher Herrlichkeit wieder-aufgenommen. Auch wir werden es wieder aufnehmen, wenn auch nicht schon nach wenigen Tagen, sondern erst nach den großen Zeiträumen des Weltlaufs. Aber was bedeuten da schon Zeiträume? Eine kleine Weile ist es, diese Zeit, in der unser Leib schlafend in der Erde liegt. Er ist doch nur ein Samenkorn, das einstmals, wenn die Sonne kommt, wieder zu einem neuen Leben auferstehen wird. So ist die Osterbotschaft, die größte und glorreichste Kunde, die je über den menschlichen Körper zu uns gekommen ist«[2].*

So ist die Osterbotschaft, die größte und glorreichste Kunde, die je über den menschlichen Körper zu uns gekommen ist.

[1] Zum christlichen Psalmenverständnis vgl. Balthasar Fischer, Die Psalmen als Stimme der Kirche, Trier, 1982; zu Psalm 16: 179–187.

[2] Peter Lippert, Von Festen und Freuden, München 1932, 47–49.

Foto: Rolf Gerlach

Tag für Tag erfahren Menschen ihren Leib als gefährdet, gebrechlich, krank und sterbend und es war auch in den letzten Tagen bei unserem Papst so. Aber Franziskus hatte Hoffnung, so wie seine letzte Biografie lautete: »Hoffe«[3]. Und auch wir dürfen hoffen. Denn seit der Leib erfasst ist von dem rettenden Wasser in der Taufe, das vom Kreuz kommt, dürfen wir sagen: Ich glaube an die Auferstehung auch dieses meines Leibes!

> »Wo dieser österliche Glaube mehr als Lippenbekenntnis ist, wo er das Innerste eines Menschen erfasst, da kann die Antwort im Land der Tränen nur heißen: Freuden und Frohlocken *»es freut sich mein Herz und es frohlockt meine Seele, denn (auch) mein Leib wird einmal wohnen in Sicherheit«*[4] (vgl. Psalm 16, 9).

Dieser Psalm 16 ist eine der ältesten Osterbotschaften, die in die Welt gegangen ist. Wir beten ihn am Karsamstag, am Tag der Grablegung des Leibes Jesu, wir beten ihn an Ostern und an den Sonntagen im Stundengebet, auch bei der Komplet, dem kirchlichen Nachtgebet.

---

3 Papst Franziskus, HOFFE, Die Autobiografie, München 2025.

4 Balthasar Fischer, Dich will ich suchen von Tag zu Tag, Freiburg 1985, 57.

Mit einer Psalmoration möchte ich schließen:

»Herr, himmlischer Vater, wir vertrauen darauf, dass du unserem sterblichen Leib wie dem deines Sohnes, ein Wohnen in ewiger Sicherheit schenken wirst. Dann wird es sichtbar werden, dass du unser Herr bist, unser ganzes Glück: du allein. Dich preisen wir durch Christus, unseren Herrn. Amen«[5].

Dr. Franz-Rudolf Weinert ist Professor für Pastoralliturgie im Kirchendienst und Domkapitular am Hohen Dom zu Mainz.

[5] Balthasar Fischer (wie Anm. 4).

Predigt am Sonntag vor Michaelis:
Ein Stück vom Sieg in der Tasche

Pfr.in Svenja Prust

Lk 10,17–20: Die Rückkehr der 72 Jünger (BB)

17 Die 72 Jünger kehrten zurück
und berichteten voller Freude:
»Herr, sogar die Dämonen gehorchen uns,
wenn wir uns auf deinen Namen berufen.«
18 Jesus sagte zu ihnen: »Ich sah den Satan
wie einen Blitz aus dem Himmel hinabstürzen.
19 Ich habe euch die Vollmacht gegeben,
auf Schlangen und Skorpione zu treten.
Die ganze Macht des Feindes könnt ihr überwinden!
Nichts, aber auch gar nichts davon
kann euch etwas anhaben.
20 Aber ihr sollt euch nicht darüber freuen,
dass euch die Geister gehorchen.
Freut euch vielmehr darüber,
dass eure Namen im Himmel aufgeschrieben sind.«

Gnade sei mit euch! Und Friede von dem, der da ist und der da war und der da kommt! Amen!

Stolz wie Oskar sind wir, und froh, so *froh*!, wenn wir uns einmal im Jahr aufmachen. So wir sie haben, unsere Albe, den Chormantel und unser Kreuz einpacken. Uns rüsten, im Geiste unsere Lenden umgürten. Und jedes Mal, wenn wir auf dem Kirchberg feiern, ist es so, als fänden unsere Füße den Weg ganz von allein hierher. Kein noch so langer Anreiseweg, keine gesperrte Straße, kein verspäteter Zug könnte uns aufhalten.

Und wenn wir durch das Tor auf das Gelände schreiten, fühlt es sich ein bisschen an, wie nach Hause zu kommen. Als wären wir nie weggewesen.

Denn hier auf dem Kirchberg ist Ruhe. Ankommen. Auszeit.

Hier können wir einfach sein, auf dieser Insel im aufgewühlten Meer im Kosmos von Kirche und Welt.

Stolz wie Oskar sind wir! Wir kommen zusammen und erzählen einander vom letzten Jahr. Was haben wir nicht wieder alles getrieben! Und wem haben wir nicht alles die Stirn geboten. Sind mit geradem Rücken und festem Blick für unsere Überzeugungen eingestanden. Ja, wir haben unseren Glauben mutig verteidigt!

Foto: Rolf Gerlach

Voller Freude erzählen wir einander von unseren Kämpfen und Kämpfchen. Wir zeigen uns gegenseitig unsere Blessuren: »Schau mal, da. Sieht man fast nicht mehr, ging aber ganz schön tief. Und du solltest mal die andere Seite sehen, wie die ausgesehen hat!«

Ganz genau so, wie Lukas schreibt:

Die 72 Jünger kehrten zurück
und berichteten voller Freude:
»Herr, sogar die Dämonen gehorchen uns,
wenn wir uns auf deinen Namen berufen.«

Wenn es sich so anfühlen würde. Das wäre schön.

Wenn es sich so anfühlen würde. Das wäre schön. Wie ein wahr gewordener Traum.

Wenn es so wäre, dann wäre ich ganz pünktlich am Donnerstag angereist. Und hätte zu Hause alles in bester Ordnung zurückgelassen. Und ich würde euch von meinen Taten erzählen.

Davon, wie gut alles läuft. Alles unter Kontrolle in der Gemeinde. Wäre doch gelacht, wenn ich das nicht schaffen würde! Guckt mal, würde ich sagen, wie ich im letzten Jahr tabula rasa gemacht habe mit den alten und verkrusteten Strukturen.

Das halbe Dekanat ist schon links gekrempelt. Jetzt, wo ich, die Jungschwester da bin, wird alles anders und neu. Endlich. Innen. Außen.

Denn jetzt bin *ich* da und erzähle den Kleinen und Großen vom Evangelium. Ganz genau so, wie ich es bei meiner Ordination versprochen hatte. Angst vor der Zukunft? Hab ich nicht. Sie sollen ruhig zu mir kommen. Die, die immer alles schlecht reden, halbe Sachen machen und meckern. Ich werd ihnen was erzählen! Ich bin bisher noch keinem Kampf aus dem Weg gegangen.

Das würde ich sagen.

Und ihr würdet auch solche Geschichten erzählen. Leuchtende Augen überall.

Das wäre schön.

Die 72 Jünger kehrten zurück
und berichteten voller Freude:
»Herr, sogar die Dämonen gehorchen uns,
wenn wir uns auf deinen Namen berufen.«
Jesus sagte zu ihnen: »Ich sah den Satan
wie einen Blitz aus dem Himmel hinabstürzen.
Ich habe euch die Vollmacht gegeben,
auf Schlangen und Skorpione zu treten.
Die ganze Macht des Feindes könnt ihr überwinden!

Jedes Jahr treffen wir uns zum Michaelsfest. Jedes Jahr aufs Neue ist es schön, wenn wir uns und die Geschwister der anderen Konvente endlich wiedersehen.

Wir freuen uns, sind stolz wie Oskar! – dass wir es überhaupt geschafft haben. Dank Hetzerei und Augenringen. Mal wieder auf den letzten Drücker oder zu spät kommen. Weil es, wie zu oft in diesem Jahr, fast nichts mit dem Konvent geworden wäre.

Und wie in jedem Jahr hören wir die Geschichte von der himmlischen Schlacht: *Und es entbrannte ein Kampf im Himmel: Michael und seine Engel kämpften gegen den Drachen. Und der Drache kämpfte und seine Engel …*

Wir nehmen uns Zeit füreinander im geschlossenen Konvent. Wir hören und reden von schönen Geschichten und Meilensteinen: Abitur geschafft, Studium beendet, Vikariat fertig, neue Herausforderung im Job angenommen.

Aber vor allem halten wir es aus, wenn Tränen fließen. Tränen der Sorge. Tränen, weil der ganze Mist noch genauso ist, wie im letzten Jahr. Tränen um verpasste Chancen. Weil etwas in unserem Leben ins Wanken geraten ist, das immer so fest schien. Weil wir den Menschen in unserem Leben etwas schuldig geblieben und selbst so von uns enttäuscht sind.

Aber vor allem halten wir es aus, wenn Tränen fließen.

Keine Zeit für ›stolz wie Oskar‹.

Die 72 Jünger:innen kehrten zu Jesus zurück. Einige rannten. Sie blieben ganz aufgeregt vor ihm stehen. Dann kamen die nächsten. Sie sahen deutlich mitgenommen aus: Eine trug den Arm in der Schlinge, der nächste hatte Krücken. Jemand drückte sich eine Kompresse aufs Auge. Eine kam, gestützt auf ihre Freundinnen, zur Tür hereingehumpelt. Sie schauten Jesus erwartungsvoll an.

Und nach und nach begannen sie zu erzählen: »Aufregend sei das gewesen! Einfach der Wahnsinn! Wir können jetzt fast das gleiche wie du, wenn wir die Dämonen platt machen! Alle bösen Mächte der Welt gehorchen uns!«

»Schön für euch!«, sagte der mit der Wunde am Auge: »Verdammte Angst haben sie mir gemacht. Die haben mich voll erwischt! Fast hätte ich es nicht geschafft!« Andere murmelten zustimmend. Und nach und nach fassten sie sich ein Herz und erzählten, was ihnen passiert war.

Jesus hörte zu und schwieg.

Irgendwann fragte er: »Und ihr?«, und blickte dabei diejenigen an, die bisher nur geschwiegen hatten und teilnahmslos in der Ecke standen.

Stille breitete sich aus.

Schließlich war eine zaghafte Stimme zu hören: »Ich hab es nicht geschafft. Klar wollte ich es versuchen. Es kann ja nicht so schwer sein, hab ich gedacht. Aber kurz nachdem ich losgegangen war, hat mich meine ganze Kraft verlassen. Da bin ich wieder zurück nach Hause in mein Bett gekrochen.

Die anderen sind vielleicht gescheitert. Ich habs nicht mal probiert. Ich bin so müde. Mir fehlt einfach die Kraft für den Kampf mit dem Bösen. Dafür bin ich einfach nicht gemacht. Ich will nicht mehr.«

So ist es nicht gewesen. So erzählt die Bibel die Geschichte nicht. Aber manchmal stelle ich mir vor, es wäre so gewesen.

So ist es nicht gewesen. So erzählt die Bibel die Geschichte nicht. Aber manchmal stelle ich mir vor, es wäre so gewesen.

Wie gerne würde ich mich zu den Müden stellen.

Jedes Jahr aufs Neue führt das Michaelsfest uns Geschwister und unsere Gäste zusammen. Jedes Jahr hören wir die Geschichte von der himmlischen Schlacht zwischen dem Satan und dem Engel, dessen Name schon das Ende der Geschichte verrät: Michael – wer ist wie Gott?

Stets aufs Neue feiern wir unseren Namenspatron und seinen Sieg. Dass das Licht die Oberhand behält über die Finsternis und dass es Zukunft für uns gibt.

Und wie bei jeder guten Geschichte erzählen wir sie einander nicht nur. Wir machen sie zu unserer eigenen, werden ein Teil davon. Denn Michael kämpft nicht einfach so. Er streitet für seine Heimat, den Himmel und seinen Gott.

Und stellt sich damit auf die Seite all derer, die in Gefahr sind, von Tief-Schwarz, Hass und Hoffnungslosigkeit überwältigt zu werden. Michael und seine Engel kämpfen nicht nur für sich selbst, sondern für alle.

Trotz aller Misserfolge, verpasster Chancen, unerfüllter Träume, der Narben und Blessuren, die wir schon davon getragen haben:

Von Michaels Sieg gehört uns ein kleines Stück.
Sein Triumph über den Drachen ist auch unser Triumph.
Daran erinnert Jesus, die die ihm nachfolgen:

Die ganze Macht des Feindes könnt ihr überwinden!
Nichts, aber auch gar nichts davon
kann euch etwas anhaben.
Aber ihr sollt euch nicht darüber freuen,
dass euch die Geister gehorchen.
Freut euch vielmehr darüber,
dass eure Namen im Himmel aufgeschrieben sind.«

»Hört ihr, was ich sage«, sagt Jesus? »Die Schlacht, in die ihr ziehen wollt – sie ist bereits geschlagen – und gewonnen.«

»Die Schlacht, in die ihr ziehen wollt – sie ist bereits geschlagen – und gewonnen.«

An alle Ängstlichen und Müden unter euch. An die voller Sorgen und die, die denken, dass alle Kraft sie verlassen hat: Ihr *müsst* das Böse nicht zerstören. Ich hab ihm schon gezeigt, wo sein Platz ist.

Ich weiß, dass da viele sind, die euch in die Schlacht rufen wollen, auf andere zeigen und sagen: Das ist dein Feind. Lasst euch nicht von ihnen blenden. Es geht ihnen nur um ihr eigenes Leben. Niemals würden sie den Mut finden, einen Blick auf ihre eigene Seele zu wagen und zu riskieren, dass alle sehen, wie schwach sie wirklich sind.

Es ist wahr: Die kleinen Kämpfe habe ich euch übrig gelassen. Die Schlangen und Skorpione. Mit ihnen werdet ihr euch noch eine Weile herumschlagen müssen. Es wird nicht immer schön sein und wenn sie euch erwischen, tut es weh.

Doch ihr, die ihr jetzt schon in der Finsternis das Licht seht, braucht keine Angst zu haben.

Geht getrost und getröstet – **mit dem kleinen Stück vom großen Sieg in eurer Tasche** – und dann kommt wieder und erzählt einander, wie weit euch euer Mut und euer Vertrauen getragen haben.

Dann wird wieder Zeit sein, um zu feiern. Den kleinsten wie den größten Kampf. Und es wird Freude für alle sein – und auch ein bisschen Stolz.

Und der Friede Gottes, der höher ist als alle unsere Vernunft
bewahre eure Herzen und Sinne in Christus Jesus. Amen.

Svenja Prust ist evang. Pfarrerin in Bingen am Rhein und gehört dem Konvent Jungbruderschaft der EMB an.

Predigt am 10. Sonntag nach Trinitatis 2025 zu Markus 12, 28–34[1]

von Christiane Gramowski

Liebe Gemeinde,
immer häufiger geschieht es in letzter Zeit, dass wir in Gesprächen plötzlich feststellen, dass es gar keine wirklichen Gespräche mehr sind. Wenn nur noch die eigenen Positionen wiederholt werden, ein Meinungsaustausch gar nicht mehr stattfinden kann und es irgendwann dazu kommt, dass man sich gegenseitig der Unwahrheiten bezichtigt und alle Quellen infrage gestellt werden.

Schnell kommen dann die sogenannten »alternativen« Fakten an die Oberfläche und dann frage ich mich, was denn eigentlich »alternative« Fakten sein sollen. In solchen Gesprächen ist die Unsicherheit, die mit dem Beharren auf eigenen Positionen so deutlich wird, die Angst und die Wut zu spüren, die dahinterstecken. Und leider ist dann der Weg zu Hetzkampagnen, Ausgrenzungen und Gewalt nicht mehr weit.

Gerade heute am Israelsonntag wird das besonders deutlich. Immer bedrückender ist es, dass jüdische Einrichtungen in unserem Land mit großer Polizeipräsenz geschützt werden müssen.

Immer bedrückender ist es, dass jüdische Einrichtungen in unserem Land mit großer Polizeipräsenz geschützt werden müssen.

Die jüdischen Menschen werden immer stärker für die Politik des Staates Israel haftbar gemacht, in dem sie gar nicht leben, und völlig unabhängig davon, wie sie zur Politik in Israel stehen. Eine Diskussion ist oft nicht mehr möglich über die Situation im Nahen Osten. Das kann uns als Christen nicht gleichgültig sein. Ohne das Judentum und den Juden Jesus von Nazareth gäbe es uns nicht. Und im Neuen Testament wird Jesus auch von seinen Zeitgenossen »Rabbi« genannt, ein jüdischer Geistlicher.

So auch im Evangelium heute, das wir vorhin gehört haben, wie ein Schriftgelehrter Jesus nach dem höchsten Gebot gefragt hat.

Die Frage des Schriftgelehrten war allerdings nicht ohne Vorurteile gestellt worden. Wie steht Jesus zum Gesetz und der Lehre der Juden? Man wollte ihn prüfen dort in Jerusalem. Dorthin war Jesus mit den Jüngern zum Tempel gekommen. Dort im Tempel kurz vor dem Passahfest versammelten sich die unterschiedlichsten Leute. Laut wurde dort diskutiert über Gott und die Welt.

[1] In die Vorüberlegungen zur Predigt ist eingeflossen: Gottesdienstpraxis 1. Perikopenreihe Bd. 4, Werkstatt für Liturgie und Predigt, Denkskizzen zu den Predigttexten, hgg. v. Petra Bahr 2018.

Einer versuchte den Anderen aufs Glatteis zu führen, die Argumente flogen hin und her.

Natürlich hatten sie dort auch schon von dem Wanderprediger Jesus gehört. Sie hatten gehört, wie er ganz anders als sie über Gott sprach, sie hatten gehört, dass er sich um die Menschen kümmerte, die eigentlich die Außenseiter und die Armen waren. Und sie hatten gehört, wie die Menschen ihm hinterherliefen.

Jetzt endlich konnten sie ihm mal persönlich Fragen stellen, konnten ihn auf Herz und Nieren prüfen. Und so fragten sie ihn erstmal zur Legitimität der römischen Steuern, die Jeus elegant an sie zurückgibt mit dem Hinweis »Gebt dem Kaiser, was des Kaisers ist und Gott, was Gottes ist!«

Dann kommen auch noch die Sadduzäer und provozieren ihn mit einer Frage zur Auferstehung. Jesus verweist sie auf die Schrift, die fünf Bücher Moses. Allesamt wollen sie ihn auf die Probe stellen.

Und dann kommt unser Evangelium für heute, der Schriftgelehrte, der Jesus nach dem höchsten Gebot befragt und es entspinnt sich ein Gespräch auf Augenhöhe.

Die Frage nach dem höchsten Gebot ist ja durchaus berechtigt, immerhin kennt die Thora 248 Gebote und 365 Verbote.

Eine Zusammenfassung all dieser Ge- und Verbote sind zweifelsohne die auch uns bekannten zehn Gebote.

Immer wieder kam es zu der Frage, welches das wichtigste Gebot sei. Und in einer rabbinischen Geschichte wird erzählt, wie ein Nichtjude einmal vor einen Gelehrten trat und ihn bat: Mache mich zum Glaubenden unter der Bedingung, dass du mich den Glauben lehrst, während ich auf einem Bein stehe.

Da stieß er ihn mit der Elle fort, die er in der Hand hatte. Daraufhin ging der Nichtjude zu einem anderen und dieser machte ihn zu einem Glaubenden als er sagte: »Was dir verhasst ist, das tue auch deinem Nächsten nicht. Das ist die ganze Thora, alles andere ist Auslegung. Geh und lerne!«

»Was dir verhasst ist, das tue auch deinem Nächsten nicht. Das ist die ganze Thora, alles andere ist Auslegung. Geh und lerne!«

Auch in dieser Geschichte wird also nach dem höchsten Gebot gefragt. Jesu Antwort ist dann auch das wichtigste Gebot für jeden Juden, das Sch´ma Israel, das jeder Jude morgens und abends betet und in jedem Synagogengottesdienst gemeinsam gesprochen wird: »Höre, Israel, der Herr, unser Gott, ist der Herr allein, und du sollst den Herrn, deinen Gott, lieben von ganzem Herzen, von ganzer Seele, von ganzem Gemüt und mit all deiner Kraft. Das andere ist dies: Du sollst deinen Nächsten lieben wie dich selbst. Es ist kein Gebot größer als diese.« Zwei Gebote der Thora, die Jesus hier vereint zum Doppelgebot der Liebe. Und der Schriftgelehrte bestätigt seine inhaltliche Nähe zu Jesus mit seiner Antwort: »das ist mehr als alle Brandopfer und Schlachtopfer.«

Foto: Rolf Gerlach

Der jüdische Schriftgelehrte und der Jude Jesus verstehen sich tief in ihren Herzen.

Das Doppelgebot der Liebe, Gott und seinen Nächsten zu lieben, verbindet uns mit der jüdischen Religion bis zum heutigen Tag. Beide Gebote sind fest verwurzelt in der Thora und unserer Bibel, dem Alten und Neuen Testament.

»Höre!«, so steht es am Beginn des höchsten Gebotes. Wer hört, nimmt sich zurück, öffnet sich für den oder das Andere. Das heißt, nicht zu meinen, schon alles zu wissen, die Antwort schon parat zu haben.

Gottes Willen zu hören, heißt, sich zurückzunehmen.

Erst dann kommt die Liebe ins Spiel. Hören können wir, dass Gott uns liebt, so wie wir sind. Unvoreingenommen sind wir von ihm angenommen. Nur wer das hört und in sich aufnimmt, kann Liebe weitergeben und auch dem Menschen liebevoll begegnen und ihm zuhören, der unsere Meinung nicht teilt. Gespräche werden so wieder möglich. Wir sollen unseren Nächsten lieben wie uns selbst. Vielleicht gehört das zu den größten Herausforderungen, mich selbst anzunehmen, wie ich bin, denn erst das gibt die Freiheit für andere da zu sein.

Das höchste Gebot verbindet uns mit dem jüdischen Volk. Daran erinnert dieser 10. Sonntag nach Trinitatis jedes Jahr.

In unserer bedrückenden Gegenwart mit einem rasant wachsenden Antisemitismus ist das unsere Aufgabe, unsere Sinne zu schärfen für die abwertenden und hasserfüllten Äußerungen in unserem Land.

Wir als Christen dürfen teilhaben an der Verheißungsgeschichte Israels. Wir bleiben einander verbunden, weil auch Jesus von Geburt bis zum Tod am Kreuz ein Jude war. Tief verankert in der Geschichte seines Volkes.

Das höchste Gebot von Juden und Christen lehrt uns die Liebe zu Gott und seinen Menschen, ob Jude, Moslem, Christ, jeder anderen Religion oder ohne Religion.

Das höchste Gebot von Juden und Christen lehrt uns die Liebe zu Gott und seinen Menschen, ob Jude, Moslem, Christ, jeder anderen Religion oder ohne Religion.

»Höre, Israel, der Herr, unser Gott, ist der Herr allein, und du sollst den Herrn, deinen Gott, lieben von ganzem Herzen, von ganzer Seele, von ganzem Gemüt und mit all deiner Kraft. Das andere ist dies: Du sollst deinen Nächsten lieben wie dich selbst. Es ist kein Gebot größer als dieses.«

Amen.

Christiane Gramowski ist evang. Pfarrerin im Ostseebad Wustrow.

Bücher

Geilhufe, Justus: »Die atheistische Gesellschaft und ihre Kirche«. München: Claudius-Verlag 22024. 136 S. Kart. EUR 20,00. ISBN 9783532628935.

»Kirche ist einzig und allein dazu da, um Kirche zu sein« (Karl Bernhard Ritter, »Die Kirche und ihr Kultus« [1931], Zitat nach *Goldschmidt* in Quatember 2019, S. 7). In diesem Sinne setzt sich auch der Autor dafür ein, die Kirche und ihre Versammlungen auf ihr überzeitliches Wesen zurückzuführen, welches er in der Unterhaltung eines geschützten Ortes sieht, in dem Gottes Zuspruch die Menschen befähigt, die Widersprüche der Welt und ihres eigenen Lebens und Handelns auszuhalten. Hierzu schöpft der Autor (selbst ein weit gereister, international und überkonfessionell vernetzter Theologe) aus den Eindrücken seiner Kindheit der 1990er-Jahre als ostdeutscher Pfarrerssohn in einer Kirche, der nichts anderes übrig geblieben sei, als die erzwungene Auflösung des Widersprüchlichen in einer einzigen Utopie durch die totalitär-stromlinienförmige DDR-Gesellschaft sowie die sich anschließende atheistische Leere und Verrohung der Nachwendezeit auszuhalten und dieser Welt, in die sie sich geworfen sah und immer noch sieht, mit Liebe zu begegnen. Nur die Kirche als ein heimatlicher Ort des Guten, Wahren und Schönen (auch und insbesondere in der Liturgie) versetze die Menschen in die Lage, die verstörende Erkenntnis von der Unmöglichkeit eines »richtigen« Lebens anzunehmen.

Demgegenüber verfange sich der atheistische Mensch in Ost und West in einen belanglosen Trott auf der ständigen Suche nach dem »vermeintlich Eigentlichen«, um im Leben alles richtig zu machen, was jedoch nicht erreichbar sei. Eine evangelische Kirche, die auf diesen Zug aufspringe und z. B. als Fazit eines Kirchentags konstatieren lasse, dass »Deutschland den Atomausstieg wolle« (vgl. ähnlich zum Verhältnis der EKD zu »Fridays for Future« den Aufsatz von *Schneider* in Quatember 2023, S. 340.346 f.), verkenne ihre Aufgaben und begehe den gleichen Fehler wie die atheistische Gesellschaft, in dem sie – als Kirche – selbst eine bestimmte Art des richtigen Lebens propagiere. »Die Kirche in Deutschland erweckt den Eindruck, als gäbe es ein richtiges Leben. Als wäre das Richtige, das Ursprüngliche, greifbar und möglich. Damit wird der Widerspruch des fehlbaren Menschen zum Problem und mit ihm der ganze Mensch.

[...] So lässt er die Menschen genauso hoffnungslos zurück wie der Rest der Welt«. (41) »Nichts (ist) schlimmer, als ein Protestantismus, der vergessen hat(te), dass er das Richtige nicht tun kann. Protestantismus heißt, sich immer wieder neu darauf zu konzentrieren, dass das Richtige nur als das, was Gott getan hat, verkündet werden kann«. (78) In diesem Sinne sieht der Autor die ostdeutschen Christinnen und Christen als Vorbilder für ein Leben in der vorgenannten Erkenntnis, da diesen schlicht und ergreifend gar nichts anderes übriggeblieben sei. Die autobiographische Überhöhung, die andere Rezensenten dem Autor in diesem Zusammenhang vorgeworfen haben, ist schnell verziehen, wenn man seine Analysen als ein Plädoyer für die Liebe versteht. Christinnen und Christen sollen die atheistische Gesellschaft nicht einfach nur hinnehmen, sondern sie sollen sie und alle ihre Widersprüche mit Gottes Zuspruch lieben. Hierzu befähigt sie die Kirche in der vom Autor beschriebenen Form. »Ich kann aber in der Welt nichts ausrichten, wozu ich nicht gesendet und ausgerüstet bin« (Karl Bernhard Ritter, »Geistlicher Pfad«, Einleitung zum 1. Teil).

Eine Randbemerkung sei erlaubt. Anders als es der Autor wahrnimmt, entstehen auch in der »atheistischen Gesellschaft« heute zunehmend säkulare und (quasi-)spirituelle Angebote, die auf die Entwicklung von Ambiguitätstoleranz (d. h. der Fähigkeit zur wertfreien Hinnahme widersprüchlicher und mehrdeutiger Informationen und Handlungen) abzielen. Die Krankenversicherungen bezuschussen z. B. diverse Meditations- und Achtsamkeitskurse im Rahmen der sog. psychosomatischen Grundversorgung und das Internet ist voll von kostenlosen wie kostenpflichtigen Empfehlungen, wie man »Resilienz« im Alltag erreichen kann. Diesen Angeboten pauschal vorzuwerfen, sie seien lediglich Teil eines atheistischen (Fehl-)Versuchs zum »richtigen Leben«, dürfte zu kurz greifen, denn auch dahinter verbirgt sich nicht selten das Bedürfnis der Menschen nach spiritueller Tiefe und Verbundenheit. Ein Arbeitskollege tritt z. B. mit der Begründung aus der Kirche aus, dass er diese »zum Eintreten für Tempo 120 auf der Autobahn nicht brauche«, bucht aber sogleich den nächsten Retreat mit Zen-Bogenschießen. Für Kirche nach dem Verständnis des Autors dürften solche Angebote indessen keine Konkurrenz sein, da sie in der Regel mit dem Label »niederschwellig« versehen sind, als die der Autor seine Kirche gerade nicht wissen will.

Dr. iur. Holger Berninghaus
Br. i. Pr. EMB Konvent Hessen

Friedman, Michel: Mensch. Liebeserklärung eines verzweifelten Demokraten. Berlin: Berlin Verlag/Piper 2025. 144 S. Geb. EUR 22,00. ISBN 9783827015075.

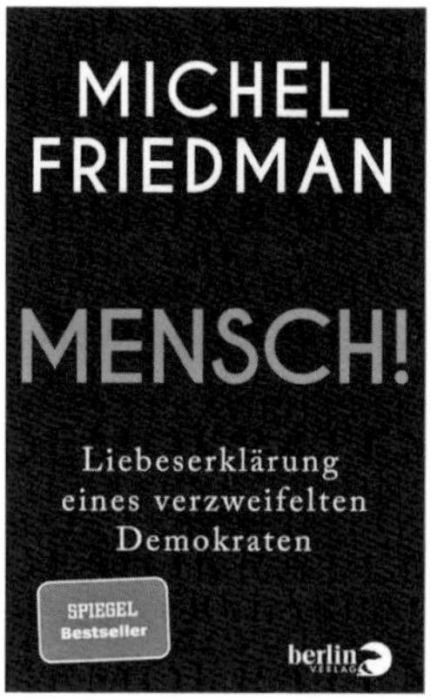

Nicht erst die »Stadtbild«-Debatte fragt nach der öffentlichen Sicherheit und dem Schutz vulnerabler Gruppen. Michel Friedmans Fragen gehen tiefer. Mit scharfem, analytischem Blick verfolgt er die besorgniserregenden Veränderungen der Gesellschaft und der Diskurse, die sie bewegen. Findet eine offene Auseinandersetzung in den drängenden Fragen des Alltags statt oder begegnen sich nur monologisierende Gruppen, die marktschreierisch Probleme benennen, ohne einen wirklich praktikablen Weg zu einer Lösung aufzuzeigen? Ist Raum für Vielfalt oder droht immer mehr Ausgrenzung einzelner Gruppen, den ein Großteil der Gesellschaft resignierend hinnimmt?

Friedman hält fest: »Ich hatte nie Angst vor der Vielfalt der Menschen. Wenn Angst, dann vor ihrer Einfalt«. (10) In rhetorisch brillanten Formulierungen breitet er seine Gedanken aus. Sein Buch fesselt den Leser und man möchte es nicht unausgelesen aus der Hand lassen. Aus seiner eigenen Familiengeschichte wird deutlich, in welcher Streitkultur Friedman aufgewachsen ist, in welcher Lust an der offenen und ehrlichen Auseinandersetzung, die das Gegenüber ernst nimmt und gelten lässt. Er stellt dar, wie dieser offene Diskurs in der dunklen Zeit des Nationalsozialismus zerbrach, wie sich Menschen der Entmenschlichung ausgesetzt sahen. Man hoffte doch, das überwunden zu haben. »Und heute? Leben wir in Freiheit. In Sicherheit. Wirklich? Warum ignorieren wir schon wieder die unzähligen Kränkungen, die Menschen anderen Menschen zufügen?« (19) Doch es herrscht Gleichgültigkeit: »Gleichgültigkeit ist die stille Komplizin jeder Ungerechtigkeit. Sie ist nicht neutral. Sie ist gefährlich«. (22)

Es gilt, wahrzunehmen, dass jede Verletzung ausgegrenzter Menschen oder Gruppen, jeder Anschlag ein Angriff auf Freiheit, Vielfalt und Demokratie ist. »Demokratie braucht Vertrauen« (28) und sie braucht den offenen und wohlinformierten Diskurs. Doch in der öffentlichen Wahrnehmung werden gerade die Parteien immer mehr zu Marken, von denen man nicht mehr genau weiß, wofür sie stehen. »Es ist die Zeit der Vereinfacher, der Angstmacher, der Marktschreier. Dass eine antidemokratische, rechtsextreme Partei [...] zur zweitstärksten Kraft im Bundestag wurde, [...] ist mehr als ein Alarmsignal.« (31)

Im Blick auf die Weltpolitik sieht es nicht weniger bedenklich aus. Friedman sieht auf die öffentliche Vorführung des ukrainischen Präsidenten durch Donald Trump. »Am 28. Februar 2025 wurde die Macht des Starken so gnadenlos inszeniert, dass es mir kalt den Rücken hinunterlief. Kein einziges Wort über den Massenmörder, den Aggressor, den Kriegstreiber Russland. Stattdessen verbale Aggression gegen den Angegriffenen. Wie die Mächtigen mit den Schwachen verfahren werden, wurde am Beispiel Selenskyj vor den Augen der Weltöffentlichkeit vorgeführt.« (35) Ähnliches gilt für die Blicke in den Nahen und Fernen Osten.

Die Sorgen über die allgemeine Problemlage verbinden sich mit Verlustangst. Man will sein Wohlergehen auf Kosten der anderen hüten. Doch mit dem Luxus ist es vorüber: »Vor allem der Mangel an bezahlbarem Wohnraum zerstört die Zukunftspläne der jungen Generation. Es ist ein Versäumnis der Politik [...]«. (44) Die Industrienation Deutschland und viele andere europäische Länder sind in einem Verfall begriffen, der an Infrastruktur und Mobilität abzulesen ist. Extremisten greifen die Problemlage auf. »Wenn du die Extremisten, die Populisten, die Hassenden nicht bekämpfst, wenn du nicht immer und immer wieder versuchst, die Gleichgültigen auf zurütteln, landest du am Ende im Keller.« (49) Es herrscht Demokratiemüdigkeit und die allzu verbreitete Neigung, den Parolen politischer Rattenfänger zu folgen. »Wer jetzt nicht eingreift, macht sich zum Komplizen. Jetzt gilt es, zu denken und zu reden und zu handeln.« (53)

Friedman votiert für eine niveauvolle Streitkultur in gegenseitiger Anerkennung, offener Neugier und Respekt. Dagegen erscheint die Politik immer mehr als ein brutales Geschäft. Nachdem die Nachkriegszeit von großer, die Gegensätze verwischender Harmoniesucht geprägt war, lassen die Krisen einer veränderten Welt, antidemokratische Bestrebungen groß werden. Politiker setzen sich in Szene, während Argumente keine zentrale Rolle mehr spielen, »es geht darum, die Bühne zu beherrschen«. (68) Dabei gilt: »Die Selbstverständlichkeit einer rohen, abweisenden Sprache führt zu einer Normalisierung der Verachtung«. (73) Online-Portale wie TikTok tragen nicht zur Information, sondern im Gegensatz zur Verwirrung und Polarisierung bei: »Was wird aus unserer Welt, wenn jeder Fünfte mit einer Position aus der TikTok-Welt »argumentiert«?« (77)

Friedmann argumentiert mit einem »a priori des Menschen«: »Niemand bestimmt, wer Mensch ist, weil jeder Mensch ein Mensch ist« (81). Hier ergibt sich eine konsequente Fortsetzung der Aufklärung Kants: »Das ist der Moment, in dem der Mensch neu gedacht wird. Nicht mehr als Untertan, sondern als Bürger. Nicht mehr Objekt der Herrschaft, sondern Subjekt der Rechte. Nicht mehr Spielball der Mächtigen, sondern selbst handlungsfähig. Als Mensch«. (84) Eine dritte Aufklärung ist nötig, die ihren Fokus auf die Dialogfähigkeit des Menschen richtet. »Die Idee der Menschenrechte und der Menschenwürde braucht beides: rational begründete, allgemeingültige Prinzipien und die emotionale Kraft, diese Prinzipien mit Leben zu füllen.« (96) Die Sehnsucht nach der Autorität, die die Verantwortung abgeben möchte und Anstrengung vermeiden, macht nichts besser.

Die russische Aggression hat eine Debatte über Verteidigung und Kriegstüchtigkeit aufgebracht, die gedankliche Muster entlarvt: »Diese Verweigerung, Verantwortung für die eigene Sicherheit zu übernehmen, kann und darf nicht mit der deutschen Geschichte gerechtfertigt werden«. (108) Gegen das Recht der Macht muss die Macht des Rechts durchgesetzt werden. Dafür trägt jeder in seinem eigenen Bereich Verantwortung. Die Unterstützung der Ukraine erscheint als ein Muss, wenn die Freiheit Europas und die Kraft von Demokratie und Recht bewahrt bleiben sollen.

Friedmans Plädoyer ist mitreißend, geistvoll, kenntnisreich. »Wir können kritische, selbstbewusste Menschen sein statt unterdrückte hilflose Wesen. Die Selbstermächtigung ist ein Versprechen der Demokratie. Emanzipation das Ziel.« (124) Dazu ist der Zweifel ein wichtiges Mittel: »Zweifeln heißt, die Macht zu haben, Nein zu sagen – selbst dann, wenn uns das Nein als Verrat erscheint«. (127) Solange wir zweifeln sind wir frei! Es braucht den Dialog, die Verantwortung, den Respekt bei allen!

Friedmann schließt:
»Meine Utopie? Weiter stolpern, weiter zweifeln, weiter irren.
Ich liebe das Leben.
Ich glaube an den Menschen.
Trotz allem«. (129)

Heiko Wulfert

Grün, Anselm: Widerstehen und Wachsen. Die Macht des Dunklen in unserer Zeit – und wie wir ihr entgegentreten. Freiburg i. Br.: Herder 2025. 140 S. Geb. EUR. 18,00. ISBN9783451601651.

In Deutschland sind 45 % der Bevölkerung direkt oder indirekt von einer Depression oder depressiven Entwicklung betroffen. Angststörungen und Depressionen gelten als häufigste Form psychischer Erkrankung. In seinem neuen Buch bringt Anselm Grün Erfahrungen aus der seelsorgerlichen Arbeit und Betrachtungen aus der monastischen und patristischen Tradition ein.

In der Taufe und bei der Erneuerung des Taufversprechens in der Osternacht wird gefragt: »Widerstehst du dem Teufel? Und all seiner Bosheit? Und all seinen Verlockungen?« Ausgehend von dieser Frage, entwirft Grün einleitend die Skizze einer Dämonologie, in der Dämonen als Bilder für Kräfte und Mächte erscheinen, die unser Leben beeinträchtigen und belasten. Dagegen entsteht Befreiung, Kraft und Hoffnung in einem Leben aus der heiligen Taufe, das zur Ich-Werdung – im Sinne von C. G. Jung – führt. Hier ist die Kraft zur Resilienz gegeben, denn Widerstand und Hoffnung gehören zusammen.

In einem ersten Kapitel zur Dämonologie verbindet Grün das Bild der »Einreden«, das die Wüstenväter von den Beeinflussungen durch die Dämonen zeichnen, mit der Archetypenlehre von C. G. Jung. Die Dämonen erscheinen in den Komplexen, durch die die Psyche belastet und entstellt wird. Der Dämonenkampf der Mönche richtet sich in der Terminologie C. G. Jungs auf einen Ausgleich zwischen *anima* und *animus* und damit die Selbstfindung der Persönlichkeit, die die Leidenschaften in Ruhe in sich eintreten lassen und überwinden kann.

Dem schließt sich eine Darstellung der Dämonen, Mächte und Gewalten in der Bibel an. Sie sind die »Aber-Geister«, die innere Konflikte auslösen und den Menschen knechten, ihn in ein falsches Beziehungsgeflecht eintreten lassen, das geheilt werden muss. Das gilt für den Einzelnen, wie für die Gesellschaft. »Wir Christen haben den Auftrag, dämonische Tendenzen in unserer Gesellschaft zu entlarven und aus den Menschen Dämonen auszutreiben.« (36) Das führt zum geistigen Kampf gegen Verschwörungstheoretiker, Delegitimierer und Querdenker.

Vorbilder und Strategien für diesen Kampf findet Grün im Kampf mit den Leidenschaften im Mönchtum. Es ist ein lebenslanger Kampf und ein lebenslanges Ringen um Selbsterkenntnis. Im Sinne der antithetischen Methode müssen Widerreden gegen die Leidenschaften eingeübt werden, gegen Zorn, Traurigkeit, gegen die Akedia, den Dämon des Überdrusses und der Ruhelosigkeit. Das immer wieder anzustrebende Ziel ist die innere Freiheit von den Leidenschaften.

Widerfahrnisse von außen, denen wir hilflos ausgeliefert sind, müssen dennoch gemeistert werden. Als Beispiel nennt Grün das Erleben der Pandemie, das in vielem zu einem Umdenken nötigte. Krankheiten erscheinen als Herausforderungen an den Menschen, zu seinem wahren Selbst zu gelangen. Dabei ist »der größte Fehler, den wir machen können, […], ständig um das zu kreisen, was nicht in unserer Gewalt steht«. (64) Ein kurzes Kapitel widmet sich darauf psychologischen Methoden im Umgang mit Emotionen und Widerfahrnissen und stellt vor allem Alfred Adler, die rational-emotive Verhaltenstherapie von Albert Ellis und die Logotherapie Viktor Frankls dar.

Die Kraft des Glaubens und eine Mystik der offenen Augen für die Wirklichkeit und ihre Probleme stärken die Hoffnung und die Kraft zum nötigen Widerstand auf vielen Ebenen: Widerstand gegen die Flut der Kommunikation, gegen eine Instrumentalisierung der Spiritualität, gegen die Verabsolutierung von Ökonomie, gegen das Ego, gegen die Rechthaberei, gegen den Erwartungsdruck, gegen den Darstellungsdruck, gegen den Mangel an Mitgefühl, gegenüber Blindheit, gegen Polarisierung und Spaltung der Gesellschaft. Dabei gilt es aber auch, nicht in einen krankhaften Widerstand zu verfallen.

Ein letztes Kapitel widmet sich der bedeutenden Rolle der Hoffnung. Sie überschreitet Aggression und Widerstand als eine Form der Transgression, sie führt zum Handeln in einer Ausrichtung auf eine bessere Zukunft. Die Bibel tut die Pforten zu solcher Hoffnung auf, die auch der Kirche neues Leben geben kann. Anselm Grün spricht seine Hoffnung aus: »Mir selbst gibt der Glaube an die Sehnsucht nach Glauben, die ich in jedem Menschen sehe, die Hoffnung, dass auch in der Kirche immer wieder spirituelle Erneuerung möglich wird«. (126)

Heiko Wulfert

Adressen

der Mitarbeiterinnen und Mitarbeiter:

Dr. Holger Berninghaus, Meisenstr. 3, 34128 Kassel, berninghaus@web.de • Dr. Sabine Bayreuther, Paulstr. 2, 69469 Weinheim, sabine.bayreuther@kbz.ekiba.de • Priorin Ursula Buske, Communität Casteller Ring, Schwanberg 4, 97348 Rödelsee, priorat@schwanberg.de • Sabine Frank, Hergershäuserstr. 9, 64832 Babenhausen, presse@jesus-biker.de • Christiane Gramowski, Hafenstr. 2, 18347 Ostseebad Wustrow, christiane.gramowski@elkm.de • Svenja Prust, Dromersheimer Chausse 1, 55411 Bingen-Büdesheim, svenja.prust@outlook.de • Ivonne Schulz, Franziskustreff-Stiftung, Liebfrauenstr. 4, 60313 Frankfurt a. M, ivonne.schulz@franziskustreff.de • Prof. Dr. Franz-Rudolf Weinert, Domstr. 10, 55116 Mainz, Franz-Rudolf.Weinert@Bistum-Mainz.de • Dr. Heiko Wulfert, Panröder Str. 40, 65558 Burgschwalbach, hwulfert@gmx.net.

Das Thema des nächsten Heftes wird »Üben« sein.

Quatember
Vierteljahreshefte für Erneuerung und Einheit der Kirche
Herausgegeben von
Sabine Bayreuther, Matthias Gössling und Roger Mielke
im Auftrag der Evangelischen Michaelsbruderschaft, des Berneuchener Dienstes und der Gemeinschaft St. Michael
Schriftleitung
Heiko Wulfert
Manuskripte bitte an:
Heiko Wulfert · Panröder Straße 40 · D-65558 Burgschwalbach,
Telefon (0 64 30) 9 25 53 70, (01 51) 55 58 24 44 · hwulfert@gmx.net
Edition Stauda
Evangelische Verlagsanstalt GmbH, Leipzig
89. Jahrgang 2025, Heft 4

Bestellungen

Mitglieder der Evangelischen Michaelsbruderschaft, der Gemeinschaft St. Michael sowie des Berneuchener Dienstes richten ihre Bestellungen ebenso wie alle Änderungen nur an ihre jeweilige Gemeinschaft.
Nichtmitglieder richten ihre Bestellungen ebenso wie alle Änderungen nur an den Bestellservice oder an den Buch- und Zeitschriftenhandel. Abos können zum Jahresende mit einer Frist von einem Monat beim Bestellservice gekündigt werden.

Vertrieb: Evangelische Verlagsanstalt GmbH · Blumenstraße 76 · 04155 Leipzig

Bestellservice: Leipziger Kommissions- und Großbuchhandelsgesellschaft (LKG) · An der Südspitze 1–12 · 04571 Rötha
Tel. +49 34206 65282
E-Mail: service@agorando.com

Preis inkl. MwSt. zzgl. Versandkosten: Einzelheft: EUR 12,00, Fortsetzungsbezug möglich. Die Fortsetzung läuft immer unbefristet, ist aber jederzeit kündbar.

Covergestaltung: Kai-Michael Gustmann, Leipzig
Satz: druckhaus köthen GmbH & Co. KG, Köthen
Druck: MUNDSCHENK Druck + Medien, Lutherstadt Wittenberg

Bei Fragen zur Produktsicherheit wenden Sie sich bitte an info@eva-leipzig.de.
ISSN 0341-9494
ISBN Print 978-3-374-07858-5 · eISBN (PDF) 978-3-374-07859-2

www.eva-leipzig.de